France Choquette
Mario Ducharme

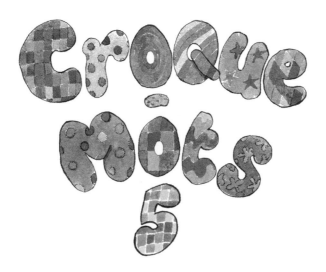

Cahier d'activités
pour les enfants de 10 et 11 ans

TRÉCARRÉ

Conception graphique
Christine Battuz

Illustrations
Christine Battuz

Mise en pages
Ateliers de typographie Collette inc.

Dépôt légal – 2e trimestre 1998
Bibliothèque nationale du Québec

ISBN 2-89249-795-7

Imprimé au Canada
   02 03 00 99

Éditions du Trécarré
Saint-Laurent (Québec) Canada

Nous reconnaissons l'aide financière du gouvernement du Canada par l'entremise du Programme d'Aide au Développement de l'Industrie de l'Édition pour nos activités d'édition.

Table des matières

Un vrai cirque !

En route vers le ciel !

À la mode !

Voyages à l'horizon !

Le corps humain : toute une machine !

As-tu la science infuse ?

Le corrigé

Un vrai cirque !

Présentation

Salut!

Si tu ne me connais pas déjà, je suis la super vedette de ce cahier... Croque-Mots. Moi, surprenant crocodile, j'entrerai dans ta vie pour la rendre un peu plus colorée et divertissante.

Ensemble, nous découvrirons le monde fascinant du cirque, les mystères de l'astronomie, le milieu controversé de la mode, la magie de la poésie, les secrets de la gastronomie et l'inconnu de la science. Ouf! Tout ça en nous amusant, évidemment!

Es-tu prêt? Il ne manque plus que toi!

Croque-Mots

Que le spectacle commence !

Dans ta classe, cette année, combien y a-t-il d'élèves? _____

Écris tous les prénoms de ta classe en composant un « charivari »
pour chacun d'eux. Tu peux ensuite demander à un de tes amis de trouver
les réponses à ton charivari.

| Charivari d'amis |

Un de tes amis : ROCUEQ-TSMO

_____

1 _____ 2 _____ 3 _____

4 _____ 5 _____ 6 _____

7 _____ 8 _____ 9 _____

10 _____ 11 _____ 12 _____

13 _____ 14 _____ 15 _____

16 _____ 17 _____ 18 _____

19 _____ 20 _____ 21 _____

22 _____ 23 _____ 24 _____

25 _____ 26 _____ 27 _____

28 _____ 29 _____ 30 _____

Jonglons avec les lettres et les mots

Essaie de découvrir les devinettes que Croque-Mots a composées pour toi.

1 Je commence par la lettre *a* et j'indique le domicile de quelqu'un :
___ ___ ___ ___ ___ ___ ___

2 Celle qui remporte une partie au jeu est une :
___ ___ ___ ___ ___ ___ ___

3 L'enfant le plus vieux de la famille, c'est :
l' ___ ___ ___ ___

4 Se dit de quelqu'un de très connu... c'est une :
___ ___ ___ ___ ___ ___ ___

5 Fruit jaune dont on utilise souvent le zeste :
___ ___ ___ ___ ___ ___

6 Le contraire de transparent, c'est :
___ ___ ___ ___ ___ ___

7 Un mot qui veut dire la même chose que soyeux :
___ ___ ___ ___

8 Je commence par la lettre *r* et je suis un petit cours d'eau :
___ ___ ___ ___ ___ ___

9 Celui qui travaille dans une boucherie est un :
___ ___ ___ ___ ___ ___ ___ ___

10 Quand le corbeau crie, il :
___ ___ ___ ___ ___ ___

Plus d'un tour dans son sac

Croque-Mots a bien compris que tu es un élève futé. Il te met à l'épreuve à l'aide de cette feuille, en te demandant d'y ajouter les déterminants. Bonne chance !

1 Écris *le, la, les* ou *l'* devant les noms suivants.

_____ statue   _____ carillon   _____ policier

_____ aiguille   _____ détours   _____ céramique

_____ chemin   _____ éclair   _____ choux

_____ habitation   _____ oranges   _____ feuillage

2 Écris *au, aux, du* ou *des* devant les noms dans les expressions suivantes.

La queue _____ chien   La chasse _____ lions

La tarte _____ pommes   Le gâteau _____ chocolat

Le moteur _____ avions   La soupe _____ pois

L'écran _____ téléviseur   Les oreilles _____ lapin

3 Emploi les bons déterminants dans les phrases suivantes.

a) Il y a _____ déterminants dans presque toutes _____ phrases.

b) Ce sont _____ petits mots dont on se sert tous _____ jours.

c) Quand on écrit _____ lettre, on les utilise.

d) Lorsque _____ enseignante te donne _____ dictée, tu les emploies aussi.

e) Ah ! _____ fameux déterminants… que ferions-nous sans eux ?

11

Des pirouettes rocambolesques

Amuse-toi à composer quelques charades sur le thème du cirque.
Parviendras-tu à faire des pirouettes rocambolesques de mots ?

Une cascade de mots

Croque-Mots a assisté à un cours de français aujourd'hui sur les adjectifs qualificatifs au féminin. Il a fait son exercice et il te demande de le corriger. Quand la réponse est exacte, fais un « $\mathcal{B}$ » et lorsqu'il y a une erreur, fais un « ✗ » et corrige-la.

Expressions avec des adjectifs qualificatifs au féminin			
	Correction		Correction
Ex. : 1. Une proposition concrète	$\mathcal{B}$	16. Une défense naturèle	
Ex. : 2. Une faute mineur	✗ mineure	17. Une crème délicieuxe	
3. Une entente révélateuse		18. Une pensée naïfe	
4. Une lunette correcteuse		19. Une tentative odieuse	
5. Une personne charmeuse		20. Une fille nerveuse	
6. Un enfant muète		21. Une tentative brèfe	
7. Une fille fanfaronne		22. Une note supérieure	
8. Une promesse antérieure		23. Une action créateuse	
9. Une femme musulmanne		24. Une attitude consolateuse	
10. Une allure rêveuse		25. Une dame ensorceleuse	
11. Une école chrétienne		26. Une affaire promettrice	
12. Une histoire vieillote		27. Une tempête dévastateuse	
13. Une compagnie beauceronne		28. Une image claire	
14. Une rencontre secrètte		29. Une personne active	
15. Une conduite trompeuse		30. Une maladie mortèle	
Résultat		/30	

13

Une trapéziste agile

**Voici un texte où il manque des mots.
Va les choisir dans la banque de mots
au bas de la page.**

Bonjour! Je me nomme Carla. Je suis

_____ depuis 13 ans. J'adore mon

_____ même s'il comporte plusieurs

_____. Je me lève tous les

_____ vers 5 heures. Je déjeune

légèrement et j'enfile mon _____ de

spectacle. C'est l'heure de l'entraînement. Je

travaille avec un _____ très gentil et joli, Carlos. Nous devons avoir

énormément _____ l'un en l'autre, car les dangers sont _____.

Premièrement, j'enduis mes mains de _____ pour qu'elles deviennent anti-

dérapantes. Je grimpe doucement sur l'_____. Sur le palier du haut, je

jette un coup d'_____ sur mon copain de l'autre côté. Un bref

_____ de tête indique que nous sommes prêts. J'empoigne la balançoire

et je m'élance. Vlan! Carlos et moi, nous changeons de _____. Nous

n'avons pas du tout le _____. Une chance, sinon les journées seraient

difficiles. De toute façon, un grand _____ est installé beaucoup plus bas

au cas où... Quel dangereux métier, mais si passionnant!

œil	filet	métier	vertige	nombreux
costume	trapéziste	escalier	risques	partenaire
balançoire	signe	confiance	matins	talc

Une fausse représentation

Clowni et Clowno sont deux clowns qui font de drôles de spectacles au cirque. Ils te racontent comment est la vie au cirque. Dans chaque dialogue, seulement une des deux définitions est la bonne. Fais un **✗** à côté de celle-ci.

Nomade ?

1

Clowni = Lorsqu'on travaille dans un cirque, on devient comme un peuple <u>nomade</u>, on n'a pas d'habitation fixe.

OU

Clowno = Au cirque, pour ériger le chapiteau, nous utilisons de petits <u>nomades</u> bien pointus.

Balustrade ?

2

Clowni = Le maître de cérémonie annonce les numéros du spectacle sur une <u>balustrade.</u>

OU

Clowno = Le trapéziste se tient sur la plate-forme bordée d'une <u>balustrade</u> de bois.

Talc ?

3

Clowni = Les artistes ont souvent le <u>talc</u> avec d'entrer en scène.

OU

Clowno = Avant de commencer leur spectacle, les trapézistes enduisent leurs mains de <u>talc</u> pour les rendre moins glissantes.

Entourloupette ?

4

Clowni = Les clowns font souvent des <u>entourloupettes</u> aux spectateurs.

OU

Clowno = Le magicien s'amuse à faire apparaître une <u>entourloupette</u> dans son chapeau.

15

Un funambule... somnambule !

Croque-Mots a une bonne histoire à te raconter.
Lis le texte suivant et → souligne les verbes.
→ encercle les adjectifs qualificatifs.

Tout un somnambule !

Imagine-toi donc que mon père m'a raconté qu'un de ses meilleurs amis a vécu une aventure des plus extravagantes. Ce fameux copain est funambule dans un des plus célèbres cirques du monde, le cirque Pedro Coutso. Ce funambule marche et danse sur un fil de fer. C'est un vrai champion. Le vertige ne l'atteint pas. Fiou ! Il n'a pas peur des hauteurs et il réussit à obtenir tout un équilibre avec son corps. Cependant, pauvre lui... il a un sérieux problème. Il travaille tellement fort qu'il en rêve parfois la nuit. Son rêve est si réel qu'il se lève, met un pied devant l'autre et commence le « parcours nocturne » ! Mains tendues, yeux clos, il marche, ouvre la fenêtre et... sort sur la corniche. Il enjambe certains bardeaux décollés et le voilà en équilibre sur le fil électrique ! Ne jamais réveiller un somnambule... dit-on. Hum ! Une chance que Pedro se rend toujours jusqu'au milieu de ce fameux fil sous tension et revient sur ses pas à reculons, comme dans son spectacle. Il retourne alors se coucher et se réveille le lendemain, le sourire aux lèvres et le regard électrisant.

16

Un spectacle de noms au pluriel

Amuse-toi à compléter ces mots entrecroisés
en mettant les mots des indices au pluriel.

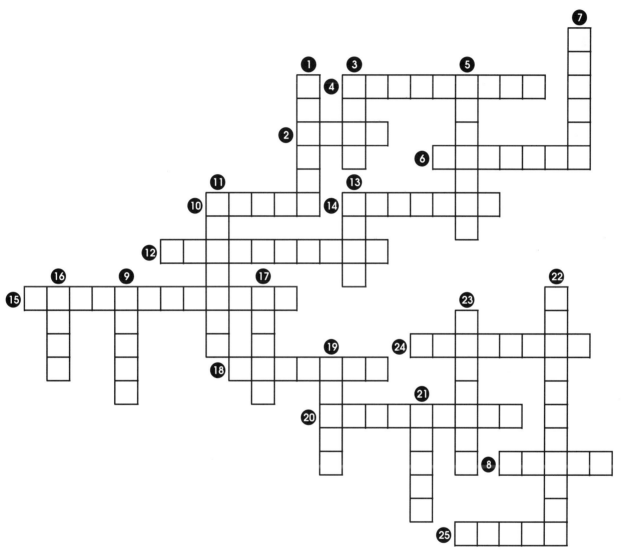

Au pluriel…

1. bijou
2. jeu
3. fou
4. festival
5. vitrail
6. travail
7. neveu
8. émail
9. veau

10. chou
11. chacal
12. chalumeau
13. sou
14. sarrau
15. épouvantail
16. pou
17. lieu
18. autobus

19. bleu
20. écriteau
21. trou
22. gouvernail
23. landau
24. drapeau
25. pneu

Le trapèze en folie

Dans un cirque, plusieurs personnages et plusieurs objets sont nécessaires pour réaliser un spectacle. À l'aide des lettres mélangées, reconstitue les mots suivants.

Lettres mélangées	Nouveaux mots
1 e r c c a e u	
2 t h é p é l n a	
3 r l e u n o j g	
4 h c i t a a p u e	
5 r p a d a e u	
6 l n b o a l	
7 e m n a è g	
8 g a q m u l i l a e	
9 e u i l l q	
10 e i r g t	
11 a e s d u n r	
12 r m i l u è e	
13 e s d t a e r	
14 n c u s m i e i	
15 n f o b u f o	
16 e i s t p	
17 r a m t o u b	
18 z a r t é p i t e s	

18

De la magie à la réalité

Plusieurs mots sont disparus dans les phrases suivantes. Peux-tu faire apparaître ces mots pour obtenir de belles phrases ? Aide-toi de la banque de mots au bas de l'exercice.

1. Le _____ numéro sera présenté avec des _____ sauvages.

2. Qui _____ vivre une _____ assez spéciale sous l'œil _____ des spectateurs de cette _____ ?

3. Les _____ du spectacle se _____ dans une _____ adjacente à la scène _____.

4. Les _____ du ventre ont des _____ confectionnés par des _____ expérimentées.

5. Attention ! Les _____ font une entrée _____.

6. Après le spectacle, les _____ se retrouvent dans un petit _____ pour continuer la _____.

danseuses	remarquable	costumes	fasciné	fête
prochain	soirée	restaurant	centrale	lions
expérience	artistes	aimerait	maquillent	
clowns	animaux	couturières	loge	

Une nuit à la belle étoile

Plusieurs artistes de notre temps ont créé de magnifiques poèmes à la belle étoile. Inspire-toi d'eux pour composer un poème, toi aussi.

Une nuit, à la belle étoile,

_____

_____

_____

_____

J'ai aperçu une petite fille,

_____

_____

_____

_____

Avec elle, j'ai marché sur un chemin,

_____

_____

_____

_____

Elle m'a donné de jolies fleurs,

_____

_____

_____

_____

Un cerceau d'idées

Choisis le bon mot pour compléter les phrases suivantes.
On appelle des homophones deux mots qui se prononcent de la même façon
et qui n'ont pas la même signification.

1. _____ chambre est vraiment en désordre. (ta, t'a)

2. Elle _____ demande bien qui gagnera la médaille. (se, ce)

3. _____ se trouve la rue du cinéma ? (où, ou)

4. Les organisateurs de la soirée _____ donné la chance de participer.
(mon, m'ont)

5. _____ serait formidable de te voir _____ soir. (ce, se)

6. On _____ très bien mérité, ce repas. (l'a, la)

7. Pierre _____ déniché une vraie merveille. (s'est, ces, ses, c'est)

8. Peut-_____ quitter la classe un moment ? (on, ont)

9. _____ force de persévérer, nous avons obtenu un résultat remarquable.
(à, a)

10. _____ souliers font des marques sur le plancher. (mes, mais)

11. J'inviterai Martine _____ Luc à venir me rencontrer. (où, ou)

12. _____ bijoux appartiennent à ma tante Florence. (ces, ses, s'est, c'est)

13. Il _____ sûrement de bonnes intentions. (a, à)

Qui a peur d'un éléphant ?

1 Transforme ces phrases simples en phrases interrogatives. N'oublie pas d'ajouter ton point d'interrogation.

a) Joshua aime les voitures d'époque.

_____

b) Sophie travaille dans un bowling.

_____

c) Il profite de sa retraite à la maison.

_____

d) Gérard donne des cours de mécanique.

_____

e) Elle adore voir des films au cinéma.

_____

f) Nous irons visiter l'Expo au Portugal.

_____

g) Elle donnait des cours de coiffure à Montréal.

_____

h) Vous connaissiez les plus grands secrets du bureau.

_____

2 À ton tour de composer cinq phrases interrogatives.

_____

_____

_____

_____

_____

Juste pour rire !

Tu dois créer cinq nouvelles inventions pour la planète.
Ces inventions doivent être utiles dans une maison. Inscris le titre de l'invention
et sa description. On ne sait jamais, tu pourrais devenir célèbre !

Invention n° 1
Dessin de l'objet

Titre : _____

Description : _____

_____

_____

_____

Invention n° 2
Dessin de l'objet

Titre : _____

Description : _____

_____

_____

_____

Invention n° 3
Dessin de l'objet

Titre : _____

Description : _____

_____

_____

_____

Invention n° 4
Dessin de l'objet

Titre : _____

Description : _____

_____

_____

_____

Invention n° 5
Dessin de l'objet

Titre : _____

Description : _____

_____

_____

_____

23

Une vie de clown

À l'aide des illustrations de la bande dessinée, remplis les bulles. Suis bien les images.

Des animaux amicaux

1. **Croque-Mots et ses amis s'exercent à écrire sans faute les mots au pluriel. Aide-les à mettre les mots suivants au pluriel.**

   a) un festival _____

   b) le carnaval _____

   c) le journal _____

   d) le bal _____

   e) un régal _____

   f) l'orignal _____

   g) le chacal _____

   h) un hôpital _____

   i) un cheval _____

   j) l'original _____

2. **Compose une phrase avec les mots suivants en mettant ces mots au pluriel dans la phrase.**

   a) hôpital et orignal

   _____

   b) original et chacal

   _____

   c) bal et récital

   _____

   d) amical et cheval

   _____

   e) tribunal et cérémonial

   _____

3. **Trouve cinq exceptions en *al* qui, au pluriel, doivent être complétées par un *s*.**

   _____   _____   _____   _____   _____

4. **Compose un petit poème contenant des mots qui se terminent par *al*.**

   Lorsque j'ai regardé dans le journal

   _____

   _____

   _____

   _____

   J'ai vu un gros orignal

   _____

   _____

   _____

   _____

25

Un tourbillon de manèges

1. Dans l'exercice suivant, tu dois ajouter la ponctuation de chaque phrase. (. , ? , !)

    a) Ouf Je suis enfin arrivé

    b) Qui a peur des manèges

    c) Le cirque est rempli de gens

    d) Halte Vous devez avoir votre billet

    e) Êtes-vous sérieux

    f) Que le spectacle commence

    g) C'est probablement le magicien Choquette

    h) Attention Les lions arrivent

    i) Est-ce toi la personne qui tient le drapeau

    j) Silence Les artistes entrent en scène

2. Compose cinq phrases interrogatives.

_____

_____

_____

_____

_____

3. Compose cinq phrases exclamatives.

_____

_____

_____

_____

_____

4. Compose cinq phrases déclaratives.

_____

_____

_____

_____

_____

26

Une pyramide de phrases

À l'aide des mots suggérés, compose une phrase. Observe bien ta pyramide avant de composer ta phrase. Ta phrase peut être changée d'une marche à l'autre de ta pyramide.

bateau _____

bateau eau _____

bateau eau vent _____

bateau eau vent vague _____

bateau eau vent vague pluie _____

fleur _____

fleur jardin _____

fleur jardin marmotte _____

fleur jardin marmotte chien _____

fleur jardin marmotte chien trou _____

voiture _____

voiture route _____

voiture route montagne _____

voiture route montagne lac _____

voiture route montagne lac bord _____

soulier _____

soulier course _____

soulier course sport _____

soulier course sport été _____

soulier course sport été triathlon _____

Nous ferons des cabrioles

À l'aide de la banque de mots ci-dessous,
trouve le mot qui se rattache aux trois mots suggérés.

Exemple : un mot qui ira avec rideau – décor – billet → théâtre

À toi de jouer !

Banque de mots

téléphone	feu	fromage	bar	lent
noir	courrier	chat	table	caractère
livre	aiguille	fauteuil	sommet	couverture
bulle	pied	fête	bal	vitesse
plume	arrêt	montre	plomb	dur
net	vert	sol	pierre	

1. page   chapitre   titre

2. savon   gomme   air

3. inter   propre   filet

4. cœur   fine   précieuse

5. parquet   note   pavé

6. forêt   jeune   pelouse

7. oiseau   stylo   chapeau

8. béton   cœur   fer

9. orchestre   salle   danse

10. congé   vieillir   gâteau

11. appel   cabine   appareil

12. coup   lampe   orteil

13. course   boîte   auto

14. chaleur   protection   livre

15. écriture   aspect   nature

16. rythme   escargot   marche

17. lourd   métal   soleil

18. montagne   art   réussite

19. tennis   nappe   carte

20. bouteille   serveur   piano

21. bracelet   course   aiguille

22. dossier   pied   roulant

23. botté   poil   pendu

24. bleu   crème   frais

25. fin   autobus   cardiaque

26. pique   fil   heure

27. lettre   messager   timbre

28. sinistre   brûlant   élément

29. deuil   trou   marché

28

Un métier divertissant

1. Trouve 30 métiers qui existent sur le marché du travail.

Ex. : un pompier

_____   _____   _____

_____   _____   _____

_____   _____   _____

_____   _____   _____

_____   _____   _____

_____   _____   _____

_____   _____   _____

_____   _____   _____

2. Trouve un adjectif qualificatif qui correspond bien à chacun de ces métiers.

_____   _____   _____

_____   _____   _____

_____   _____   _____

_____   _____   _____

_____   _____   _____

_____   _____   _____

_____   _____   _____

_____   _____   _____

3. Parmi les énoncés de l'exercice n° 2, choisis 10 métiers avec leurs adjectifs qualificatifs et compose 10 phrases avec chacun de ceux-ci.

Ex. : Un pompier alerte se rend sur les lieux d'un incendie majeur.

_____

_____

_____

_____

_____

_____

_____

_____

_____

_____

En route vers le ciel !

Des étoiles plein la tête

Croque-Mots a composé une grille de verbes sur le thème de l'astronomie.
Essaie de la remplir.

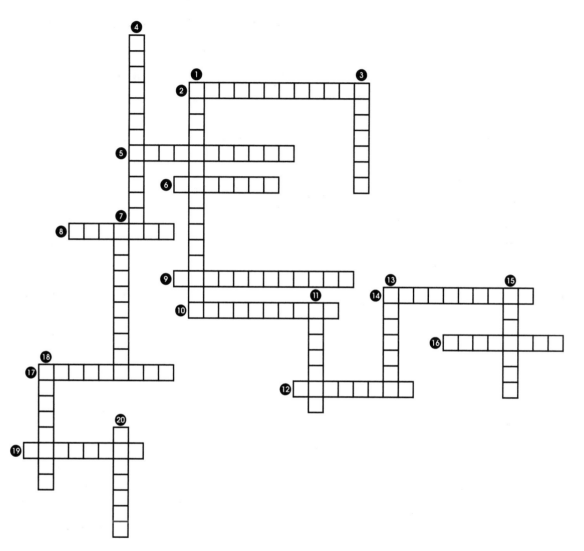

31

1. Assombrir, imparfait ind., 3ᵉ p. pl.
2. Atteindre, cond. prés., 1ʳᵉ p. pl.
3. Scruter, présent ind., 2ᵉ p. s.
4. Obscurcir, imparfait ind., 3ᵉ p. s.
5. Illuminer, futur simple, 2ᵉ p. pl.
6. Graviter, futur antérieur, 1ʳᵉ p. pl.
   (nous aurons…)
7. Observer, futur simple, 1ʳᵉ p. s.
8. Pivoter, présent ind., 2ᵉ p. s.
9. Heurter, cond. prés., 3ᵉ p. pl.
10. Tournoyer, subj. prés., 2ᵉ p. p.
    (que vous…)

11. Examiner, présent ind., 1ʳᵉ p. s.
12. Unir, imparfait ind., 2ᵉ p. pl.
13. Vérifier, passé comp., 1ʳᵉ p. pl.
    (nous avons…)
14. Voyager, futur simple, 3ᵉ p. pl.
15. Noircir, impératif prés. 2ᵉ p. s.
16. Filer, cond. prés., 1ʳᵉ p. s.
17. Étoiler, subj. prés., 1ʳᵉ p. pl.
    (que nous…)
18. Éclairer, présent ind., 2ᵉ p. pl.
19. Briller, futur simple, 3ᵉ p. s.
20. Brûler, impératif prés., 1ʳᵉ p. pl.

Orion ?
Toute une constellation !

Orion est une constellation d'étoiles située comme ceci dans le ciel.

Croque-Mots te propose de te choisir une bonne étoile de temps.
Indique donc dans chaque phrase si les verbes sont au :

1 présent

2 passé

3 futur

Ex. :

1. Autrefois, on <u>disait</u> que les étoiles étaient dessinées

   sur une immense toile. | 2 |

2. Prochainement, nous <u>irons</u> visiter d'autres planètes.

   | |

3. Le soleil <u>brille</u> car il émet de l'énergie.

   | |

4. Cette fusée <u>projettera</u> beaucoup de lumière.

   | |

5. Mon frère <u>a suivi</u> un cours d'astronomie au cégep.

   | |

6. L'étoile polaire <u>scintille</u> dans la voûte étoilée.

   | |

7. J'<u>adore</u> regarder les étoiles le soir avant de

   m'endormir. | |

8. J'<u>ai aperçu</u> une planète spéciale dans mon

   télescope. | |

9. Un jour, je <u>partirai</u> pour la Lune. | |

10. Ces hommes <u>observeront</u> l'éclipse de Lune très tard

    le soir. | |

Direction Pluton... voyons!

Croque-Mots a décidé de te montrer la production écrite qu'il a faite
dans son cours de français sur le thème de « Un voyage plutôt spécial... »
Grâce aux mots de la banque ci-dessous, tu pourras compléter son texte.

Direction Pluton... voyons!

Vouloir vraiment _____ vers une autre planète, je choisirais Pluton.

Pourquoi? Parce que personne ne veut y aller. Tout le monde irait bien sur

la planète _____ pour y découvrir les magnifiques et larges

_____, constitués principalement de glace. Ou peut-être même sur

Jupiter, qui a 11 fois la taille de la Terre. C'est d'ailleurs la plus grande des

_____. Sur Vénus, planète la plus proche de la Terre, il y a plusieurs

vallées et de gros _____. Il y a encore d'autres planètes telles que

Mercure, Mars, Uranus et Neptune. La plus intéressante pour moi, c'est Pluton. On

ne connaît rien d'elle, c'est attirant. Ce que l'on sait pourtant, c'est que Pluton est

la planète la plus _____ du Soleil. Elle semble morte et sombre car la

_____ et la _____ du soleil l'atteignent à peine. C'est la

plus petite mais non la _____. Qui sait? Peut-être vous écrirai-je, un

jour, à bord de ma _____ protégée contre le _____

glacial de cette minuscule mais adorable planète. Brrr! Quelle _____!

33

Banque de mots			
planètes	moindre	fusée	chaleur
éloignée	Saturne	aventure	m'envoler
lumière	volcans	froid	anneaux

Tout un paysage céleste !

Croque-Mots a eu un cours de français sur les participes passés employés avec *avoir*, *être* et sans auxiliaire. Peux-tu, tout comme lui, démêler ceux-ci et réaliser les exercices ci-dessous ?

1. **Trouve le participe passé des verbes suivants.**

   a) atteindre _____   f) courir _____

   b) briller _____   g) connaître _____

   c) resplendir _____   h) recevoir _____

   d) avoir _____   i) être _____

   e) voyager _____   j) scintiller _____

2. **Accorde les participes passés suivants.**

   a) Les étoiles ont ébloui_____ le ciel toute la nuit.

   b) La lune très imposante s'est éclipsé_____ pour faire place aux nuages.

   c) Cette magnifique Voie lactée est constellé_____ d'étoiles.

   d) Ce télescope, utilisé_____ à des fins astronomiques, est énorme et très précis.

   e) La peau de Karine, que le soleil a brûlé_____, est parsemé_____ de cloques.

3. **Souligne en bleu les participes passés employés avec *avoir*, en rouge ceux qui sont employés avec *être* et en vert ceux qui sont employés sans auxiliaire. Accorde-les par la suite.**

   a) La fusée a démarré_____ en trombe et a filé à toute allure dans le ciel.

   b) Apeuré_____, la jeune fille est allé_____ avertir sa mère de l'éclipse du Soleil.

   c) Tu as vu_____ mes notes de journal de bord ? Je les ai rapporté_____ de mon dernier voyage.

   d) Elles ont joué_____ dans la maison parce que la pluie n'a pas cessé_____ de tomber.

   e) Le météorite égaré_____ est attiré_____ dans un trou noir.

34

Immense comme la Voie lactée

À ton dictionnaire ! Voici un tableau de mots de même famille.
Observe l'exemple et trouve les mots qui manquent.

	Nom	Verbe	Adjectif	Adverbe
Ex. :	froideur	refroidir	froid	froidement
a)	action			
b)			frais	
c)				profondément
d)		éclairer		
e)	amour			
f)			courageux	
g)		affaiblir		
h)				doucement
i)	continuation			
j)			énorme	
k)		rudoyer		
l)				plaisamment
m)	amabilité			
n)		solidifier		
o)			naturel	

35

Après la pluie... le beau temps!

**Ce texte te raconte les signes de la nature qui démontrent
que le beau temps revient après la tempête. Aide Croque-Mots
à placer les bons mots de relation de la bulle au bon endroit.**

Voici les mots de relation qu'on peut
utiliser pour ce texte.

et – à – par – avec – chez – depuis – et – qui
jusqu'à – que – près – malgré – sur – sous – dont

Après la  ... le beau !

[   ] quelques années, j'observe plus attentivement le phénomène

de la météorologie. J'écoute souvent le bulletin de météo [   ]

ma mère. Le matin, [   ] 7 h 10, le météorologue nous raconte

[   ] précision le temps qu'il fera ici [   ] ailleurs.

[   ] 7 h 30, je suis prêt à partir pour l'école. Sachant qu'il fera beau

aujourd'hui, je m'habille légèrement et décide de marcher [   ] le

plus long sentier pour profiter de la douce chaleur printanière. [   ]

le soleil de plomb au loin.... j'ai des doutes. J'ai une forte impression [   ]

se confirme de plus en plus. De vilains stratus viennent cacher les rayons du soleil.

Un vent frisquet se lève. Oh! Oh! De gros nimbus, ces nuages sombres [   ]

font craindre le mauvais temps, s'installent à leur aise. Ça y est! Il se met à pleuvoir.

Une pluie à écorner les bœufs, comme ma mère me dit souvent. Je me mets

[   ] l'abri [   ] un énorme chêne [   ]

j'attends que ça passe. Ils n'avaient pas annoncé de la pluie pourtant. Tout le

monde peut se tromper... même les scientifiques!

La folie des planètes

1 Trouve les synonymes des adjectifs suivants, c'est-à-dire des mots qui veulent dire la même chose.

a) généreux _____

b) logique _____

c) docile _____

d) doux _____

e) habile _____

f) transi _____

g) fainéant _____

h) bariolé _____

i) exquis _____

j) lourd _____

k) maladroit _____

l) juste _____

m) hardi _____

n) crasseux _____

o) distrait _____

p) percé _____

q) exténuant _____

r) louable _____

s) jaloux _____

t) habituel _____

2 Pour remplir cette grille, trouve les antonymes des mots suivants, c'est-à-dire des mots qui veulent dire le contraire.

1. calme
2. indolore
3. obscur
4. opaque
5. mou
6. allumer
7. féminin
8. étroit
9. équilibré
10. insensible
11. buvable
12. aîné

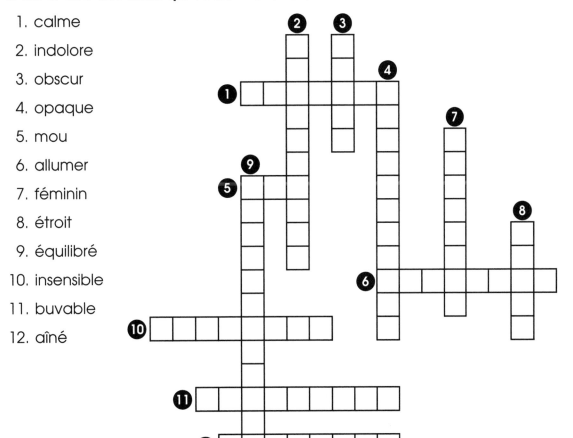

37

Wow! Cassiopée en vue!

Savais-tu que Cassiopée est une constellation

en forme de ☆ ☆ ☆ ☆ ☆ **?**

Trouve dans ton dictionnaire 10 mots commençant par la lettre _w_ et écris leur définition.

1.

2.

3.

38

4.

5.

6.

7.

8.

9.

10.

Aux frontières du système solaire

À ton tour de t'envoler vers le ciel. 5-4-3-2-1-0!

Ta fusée décolle et...

Plan suggéré

- Que se passe-t-il ?
- Où te retrouves-tu ?
- Quel est le nom de la planète et des habitants ?

- À quoi ressemblent ces habitants ?
- Que fais-tu ?
- Comment se termine ton histoire ?

Une comète à l'horizon

Lis le texte que Croque-Mots a trouvé dans une revue et observe bien les verbes et les adjectifs qui y sont présents. Réponds ensuite aux questions de la page suivante.

Toute une comète !

<u>Qu'est-ce qu'une comète</u> ?

Une comète est un astre qui ressemble à une énorme balle de neige sale d'une dizaine de kilomètres de diamètre, composée de gaz gelés, mélangés avec des millions de particules de poussière, et accompagnée d'une traînée lumineuse. Une certaine comète, nommée Hyakutake par l'astronome japonais qui l'a découverte, aurait été aperçue pour la première fois le 25 décembre 1995. Tout un cadeau ! C'est une des comètes les plus brillantes et les plus spectaculaires que l'on ait pu observer depuis longtemps.

<u>Comment observer une comète</u> ?

En premier lieu, il faut profiter d'une nuit sans nuage et sans lune, dans la mesure du possible. Idéalement, on doit s'éloigner des sources de lumière telles que les lampadaires, les lampes, les panneaux publicitaires ou les phares de voiture. Ensuite, il faut laisser les yeux s'habituer à l'obscurité pendant au moins un quart d'heure. L'observation devrait se faire de préférence après 22 ou 23 heures. La comète est observable avec des jumelles ou à l'œil nu. Il est évident que si on peut l'examiner avec un télescope, on risque d'apercevoir plus de détails comme des jets de gaz brillants. Les plus habitués peuvent même la photographier.

Voilà ! Il est intéressant d'en connaître un peu plus sur ce qui se passe au-dessus de nos têtes, n'est-ce pas ?

Une comète à l'horizon *(suite)*

1 Trouve 15 verbes différents dans le texte. Classe-les dans le tableau et inscris (s'il y a lieu) toutes les caractéristiques de ceux-ci.

	Verbe trouvé	Temps et mode	Sa personne	Son sujet	Son infinitif	Son groupe
1	est	présent de l'indicatif	3e pers. sing.	comète	être	3e
2						
3						
4						
5						
6						
7						
8						
9						
10						
11						
12						
13						
14						
15						

2 Trouve 6 adjectifs qualificatifs dans le texte.

_____ _____ _____ _____

3 Que veut dire le mot « particule » ? (Cherche-le dans ton dictionnaire.)

_____

_____

_____

Un astronaute à l'aventure

Amuse-toi à faire les petits exercices suivants.

1. Trouve les mots formés avec le suffixe « -vore », qui veut dire « se nourrit de ».

a) Qui se nourrit d'herbe _____

b) Qui se nourrit de graines _____

c) Qui se nourrit de fruits _____

d) Qui se nourrit de chair _____

e) Qui se nourrit d'insectes _____

2. Forme de nouveaux mots avec les préfixes suivants.

il – re – ex – dé – mal – sur – anti – in – pré – ir

a) _____ trémité

b) _____ partir

c) _____ habile

d) _____ légal

e) _____ biotique

f) _____ voler

g) _____ faire

h) _____ comparable

i) _____ destiner

j) _____ heureux

k) _____ connu

l) _____ réalisable

m) _____ alimentation

n) _____ formation

o) _____ responsable

3. Encercle le terme générique de chaque groupe de mots et mets les termes spécifiques en ordre alphabétique.

a) dynamique, adjectif, soluble, souriant, incolore, aimable

_____

b) montgolfière, sous-marin, moyen de transport, vélo, train, avion

_____

c) outil, marteau, enclume, pince, tournevis, scie

_____

d) effectuer, planter, communiquer, verbe, rougir, reprendre

_____

e) saule, peuplier, bouleau, chêne, sapin, arbre

_____

4. Petites charades pour toi !

Mon premier est l'enveloppe du corps. _____

Mon deuxième est le contraire de *beau*. _____

Mon troisième est l'une des notes de musique sans accent. _____

Mon tout est l'étoile qui indique le nord.

Mon premier est un mot de relation. _____

Mon deuxième est un film servant à promouvoir une chanson. _____

Mon troisième est un déterminant démonstratif. _____

Mon tout se produit lorsque la Lune passe entre le Soleil et la Terre. _____

Je vois des étoiles

1. Observe les verbes qui sont dans les étoiles et dis à quels groupes ils appartiennent.

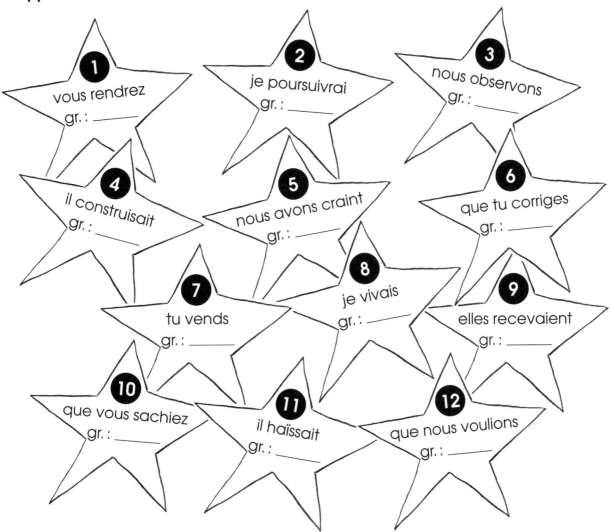

1 vous rendrez
gr. : _____

2 je poursuivrai
gr. : _____

3 nous observons
gr. : _____

4 il construisait
gr. : _____

5 nous avons craint
gr. : _____

6 que tu corriges
gr. : _____

7 tu vends
gr. : _____

8 je vivais
gr. : _____

9 elles recevaient
gr. : _____

10 que vous sachiez
gr. : _____

11 il haïssait
gr. : _____

12 que nous voulions
gr. : _____

43

2. Trouve 10 verbes du 1er groupe, du 2e groupe et du 3e groupe.

1er groupe	2e groupe	3e groupe
_____	_____	_____
_____	_____	_____
_____	_____	_____
_____	_____	_____
_____	_____	_____
_____	_____	_____
_____	_____	_____
_____	_____	_____
_____	_____	_____
_____	_____	_____

Une étoile filante, un vœu

Les amis de Croque-Mots s'amusent à faire des vœux en voyant une étoile filante.
Pense à 10 vœux que tu aimerais que cette étoile réalise.
Chaque vœu doit débuter par un *si*.

Ex. : Si l'étoile filante me donnait de l'argent, j'achèterais une nouvelle voiture à
mes parents.

Avec un *si*, le verbe
se conjugue au
conditionnel présent.

44

Si _____

_____

Si _____

_____

Si _____

_____

Si _____

_____

Si _____

_____

Si _____

_____

Si _____

_____

Si _____

_____

Si _____

_____

Si _____

_____

Au nord, chère étoile

Croque-Mots étudie les textes de son livre de français. Il essaie de distinguer les quatre sortes de textes (informatif, incitatif, poétique ou ludique et expressif).

1 Lis bien les phrases ci-dessous et essaie de trouver de quelle sorte de texte on les a extraites.

a) Les cheveux clairs sont plus nombreux que les cheveux sombres.

Nature du texte : _____

b) Nous voulons la paix dans notre quartier !

Nature du texte : _____

c) Je te le demande encore une fois.

Nature du texte : _____

d) J'estime que la réponse est supérieure à deux !

Nature du texte : _____

e) Youpi ! J'ai gagné la partie !

Nature du texte : _____

2 Peux-tu, en tes mots, définir ce qu'est un texte...

a) informatif ?

_____

_____

_____

b) incitatif ?

_____

_____

_____

c) poétique ou ludique ?

_____

_____

_____

d) expressif ?

_____

_____

_____

45

Qui vit au bout
de l'arc-en-ciel ?

1 Aide Croque-Mots à chercher 20 prénoms composés.

Exemple :

1. Marie-Soleil   6. _____   11. _____   16. _____

2. _____   7. _____   12. _____   17. _____

3. _____   8. _____   13. _____   18. _____

4. _____   9. _____   14. _____   19. _____

5. _____   10. _____   15. _____   20. _____

2 Aide Croque-Mots à chercher 20 noms communs composés.

Exemple :

1. porte-bonheur   6. _____   11. _____   16. _____

2. _____   7. _____   12. _____   17. _____

3. _____   8. _____   13. _____   18. _____

4. _____   9. _____   14. _____   19. _____

5. _____   10. _____   15. _____   20. _____

3 Associe les mots des exercices nᵒˢ 1 et 2 et compose de nouvelles phrases.

Exemple : <u>Marie-Soleil</u> a gagné grâce à son <u>porte-bonheur</u>.

1. _____

2. _____

3. _____

4. _____

5. _____

6. _____

7. _____

8. _____

9. _____

10. _____

Patrouille du cosmos

Une patrouille se promène de phrase en phrase pour détecter les fautes d'orthographe, de conjugaison, d'accord et de ponctuation. Si la patrouille détecte des erreurs, elle doit les corriger avec un stylo rouge.

Bonne patrouille !

1 Les vaisseaux spatiaux défilent au-dessus des maison de la ville.

2 Une étrange personne se promène dans la noirseur de la nuit étoilé.

3 Qui a peur des films de sience-fiction !

4 Je me demande bien s'il y a de la vie sur la planète Mars.

5 Tout à coup, j'entendis un bruit stridant venant du champ derrière chez moi !

6 Avec un peu de chance, les martiens parviendrons à atterrir à un endroit inhabité.

7 Les membres de l'équipaje sont choisis selon des critères très précis.

8 J'aimerais bien visité l'intérieure d'une fusée.

9 Pourquoi existe-t-il des étoiles filantes ?

10 Les astronautes se préparent pour un long voyage à travers la galaxie.

11 Tout ait en place pour le départ.

Combien de fautes as-tu trouvées ? _____

Éclaire-moi !

Voici un petit jeu de grammaire. On te pose des questions et tu dois répondre au meilleur de ta connaissance. Pour t'aider, utilise des livres de référence.

1 **Donne la définition d'un préfixe.**

Un préfixe

_____

_____

Exemple : _____

2 **Donne la définition d'un suffixe.**

Un suffixe

_____

_____

Exemple : _____

3 **Donne la définition d'un synonyme.**

Un synonyme

_____

_____

Exemple : _____

4 **Donne la définition d'un antonyme.**

Un antonyme

_____

_____

Exemple : _____

5 **Donne la définition d'un homophone.**

Un homophone

_____

_____

Exemple : _____

Un tonnerre de verbes!

Le verbe exprime généralement une action ou un état.
C'est le mot de la phrase qui se conjugue.

1. Peux-tu former des verbes avec les mots suivants?

a) dessin _____

b) enseignant _____

c) coureur _____

d) couronne _____

e) crêpelure _____

f) danse _____

g) peinte _____

h) lumière _____

i) magasin _____

j) flotteur _____

k) fusil _____

l) glisse _____

m) idéal _____

n) informatique _____

2. Trouve 10 verbes d'action et 10 verbes d'état.

Verbes d'action

_____ _____

_____ _____

_____ _____

_____ _____

_____ _____

Verbes d'état

_____ _____

_____ _____

_____ _____

_____ _____

49

3. Trouve à quels groupes appartiennent les verbes suivants.

a) j'essaierai _____

b) tu prononçais _____

c) qu'ils apportent _____

d) vous finirez _____

e) vous rendez _____

f) elles opéraient _____

g) tu as compris _____

h) nous donnerons _____

i) que je respecte _____

j) elle joindrait _____

k) je conduis _____

l) tu digérais _____

Pleine lune à la une

1. Associe le groupe sujet avec le reste de la phrase.

La pleine lune   était présente à cette soirée.

Toute la famille   irons observer cette luminosité.

L'astrologue   se voit à chaque mois.

Patrick et moi   avais dit que tout cela était impossible.

Tu   expliquait le phénomène d'une éclipse de Lune.

Les groupes A et B   se disperseront dans cette immense forêt.

Si les nuages   resteront présents tout la nuit.

Cet homme   se présentaient, on ne verrait pas la lune.

Les observateurs   est très mystérieux.

2. À partir de la fin des phrases qui t'est donnée, reconstruis le début de chacune pour que celle-ci ait un sens.

a) _____ à l'institut de recherche.

b) _____ pour une soirée-bénéfice.

c) _____ sur le plateau de tournage.

d) _____ des milliers de photos.

e) _____ chaque semaine.

f) _____ avec des explorateurs.

g) _____ la nuit fraîche du printemps.

h) _____ dans la classe.

Qui se cache dans la soucoupe volante ?

1 On a caché des mots féminins dans une soucoupe volante. Trop tard, elle est partie vers une autre planète. Trouve le féminin des mots suivants.

a) un cadet fluet _____

b) un acteur rêveur _____

c) un idiot rigolo _____

d) un penseur intelligent _____

e) un auteur talentueux _____

f) un vieux compagnon _____

g) un financier gaucher _____

h) un chanteur amateur _____

i) un infirmier distingué _____

j) un chauffeur menteur _____

2 Transforme les phrases suivantes au féminin.

a) Mon vieil ami donne à un infirmier et à un enseignant des conseils pour apprendre à nager.

_____

_____

b) Mes jolis chiens s'amusent avec un copain américain.

_____

_____

c) Son chat maladroit tombe toujours dans le bocal de peinture.

_____

_____

d) Cet artiste expérimenté, ce garçon roux et ce serveur attentionné se reposent en lisant des journaux locaux.

_____

_____

e) L'instituteur minutieux de cette école étudie pour devenir un excellent directeur.

_____

_____

f) Qui m'a dit que ce vieil homme courbé dansait chaque soir ?

_____

_____

51

Des nuages d'idées

Ton enseignant te propose cinq sujets qui se rapportent à l'astronomie. Parmi ces sujets, tu dois en choisir trois dans le but d'en discuter devant tes amis de classe. Tu auras une limite de deux minutes pour discuter de tes sujets choisis.

Jupiter

planète Mars

les étoiles filantes

la Lune

le Soleil

Choix n° 1

Choix n° 2

Choix n° 3

52

À la mode!

La scène est à toi

Réponds aux questions suivantes.
Tu peux utiliser tes outils de référence si c'est nécessaire.

1. Un nom sert uniquement à désigner une personne. Vrai ou faux ? Si c'est faux, justifie ta réponse.

2. Un mot au pluriel prend toujours un *s* à la fin. Vrai ou faux ? Si c'est faux, justifie ta réponse.

3. Un homophone est un mot qui se prononce de la même façon qu'un autre et qui s'écrit de la même façon. Vrai ou faux ? Si c'est faux, justifie ta réponse et donne un exemple.

4. Pour trouver le complément direct, il faut poser la question *qui* ou *quoi* après le verbe. Vrai ou faux ? Donne un exemple.

5. Il y a quatre groupes de verbes. Vrai ou faux ? Si c'est faux, justifie ta réponse.

6. Les terminaisons des verbes du 3e groupe sont oir, re, ir. Vrai ou faux ? Donne un exemple.

7. Un verbe exprime généralement une qualité. C'est le mot de la phrase qui ne se conjugue pas. Vrai ou faux ? Si c'est faux, justifie ta réponse.

54

Un déhanchement de mots

Place les mots suggérés dans la grille suivante.
Pour t'aider, quelques lettres ont été inscrites.

ceinture	complet	kimono	tailleur	culotte	bermuda
tricot	chandail	gaminet	cardigan	botte	casquette
carpe	chemise	blouse	soulier	gant	chapeau
polo	jupe	manteau	sandale	mitaine	bas
veston	pantalon	maillot	escarpin	tuque	tutu
bandeau	bottillon	camisole	soutien-gorge	foulard	collant

55

Une mode à suivre

Les parents d'un copain de Croque-Mots ont une magnifique boutique à Croquemopolis. Ils doivent faire l'inventaire annuel.
Transforme les chiffres suivants en lettres.

Dans notre boutique, il y a :

6 tutus → _____

21 camisoles → _____

67 gaminets → _____

102 ceintures → _____

32 tricots → _____

58 polos → _____

72 maillots → _____

20 complets → _____

70 jupes → _____

45 pantalons → _____

12 redingotes → _____

86 cardigans → _____

98 souliers → _____

16 sandales → _____

36 escarpins → _____

62 collants → _____

120 soutiens-gorge → _____

320 culottes → _____

10 bottes → _____

56 mitaines → _____

244 tuques → _____

360 foulards → _____

630 casquettes → _____

78 chapeaux → _____

98 bas → _____

216 bermudas → _____

56

Yo! Pas yo!

Imagine-toi créateur de mode. On te demande de confectionner quatre costumes différents pour Croque-Mots. Tu dois décrire les quatre costumes, les dessiner et leur trouver un titre. Sois original!

1ʳᵉ création: Titre _____

Description: _____
_____
_____
_____

Dessin:

2ᵉ création: Titre _____

Description: _____
_____
_____
_____

Dessin:

3ᵉ création: Titre _____

Description: _____
_____
_____
_____

Dessin:

4ᵉ création: Titre _____

Description: _____
_____
_____
_____

Dessin:

57

Une scène remplie de stars!

Des lettres défilent sur une scène. Avec ces lettres, tu dois composer des mots.
Attention! Utilise toutes les lettres qui te sont suggérées.

Remplis la scène avec des mots qui ont les lettres suivantes.

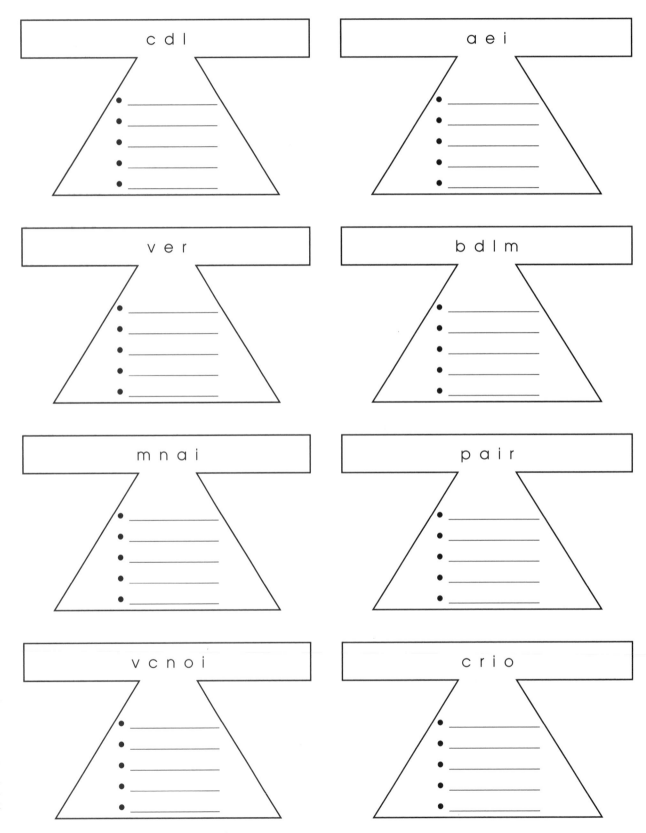

c d l

a e i

v e r

b d l m

m n a i

p a i r

v c n o i

c r i o

58

Besoin de conseils !

1. Fais un X sur le verbe qui complète les phrases suivantes.

a) Patrick et toi   vont   va   allions   allez …

b) On   traversais   traverses   traversent   traversera …

c) Elles t'   habillais   habille   habillaient   habillerons …

d) Est-ce que tu   chantais   chantera   chante   chantaient … ?

e) France et moi te   conseillaient   conseilleront   conseillons   conseille …

f) Tu   exposait   exposais   exposera   expose …

g) Nous aimerions que vous   donnez   donnier   donniez   donnié …

h) Lise et Michel   animerons   animaient   animera   anime …

i) Qui   organisent   organisait   organisons   organises …

j) Il faudrait que je   danses   danse   dansais   dansent …

k) Vous   défilerez   défilerai   défiler   défilié …

2. Conjugue les verbes suivants au conditionnel présent.

Marcher

je _____
tu _____
il, elle _____
nous _____
vous _____
ils, elles _____

Craquer

je _____
tu _____
il, elle _____
nous _____
vous _____
ils, elles _____

Interdire

j' _____
tu _____
il, elle _____
nous _____
vous _____
ils, elles _____

Fendre

je _____
tu _____
il, elle _____
nous _____
vous _____
ils, elles _____

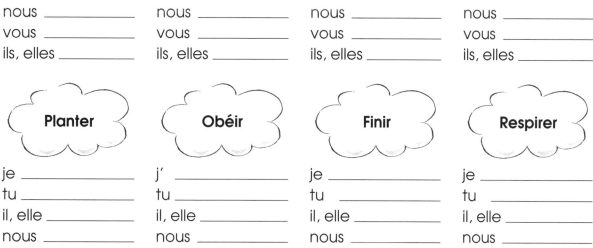

Planter

je _____
tu _____
il, elle _____
nous _____
vous _____
ils, elles _____

Obéir

j' _____
tu _____
il, elle _____
nous _____
vous _____
ils, elles _____

Finir

je _____
tu _____
il, elle _____
nous _____
vous _____
ils, elles _____

Respirer

je _____
tu _____
il, elle _____
nous _____
vous _____
ils, elles _____

59

Projecteurs, musique...
Tout est prêt !

Lis le texte suivant et complète-le avec les mots qui sont dans le rectangle de la page suivante.

Pour organiser un (_____) défilé de mode professionnel, cela demande énormément de temps et d'originalité.

Tout d'abord, pour s'engager dans un tel contrat, nous devons vérifier la (_____) du défilé car si on veut que tout soit réussi, il ne faut rien négliger. Ensuite, il faut travailler avec un (_____) déjà établi. Malgré tout, il est possible de présenter un beau défilé avec un (_____) budget.

Après avoir trouvé la salle, nous pouvons faire (_____) les billets pour la soirée. Sur le billet, il est important d'inscrire la date, l'(_____) de l'événement, l'endroit, le (_____) du billet, le nom des (_____) et des boutiques (_____).

Cela fait, il est temps de penser aux (_____) qui défileront durant cette soirée. Souvent, pour attirer l'attention sur l'événement, nous demandons à un mannequin très connu de participer au défilé. Les mannequins choisis doivent effectuer l'(_____) des costumes pour que tout soit (_____). Si on doit retoucher certains (_____), le couturier n'hésite pas un instant à le faire, car c'est lors d'une grande (_____) comme celle-ci que le couturier peut montrer son (_____). Il faut également inviter les (_____) qui couvriront ce moment magique.

Projecteurs, fleurs, musique, coiffeurs, maquilleurs, tout est prêt ! La (_____) remplit déjà la salle tout en discutant et en se (_____). Pendant ce temps, à l'(_____), c'est l'énervement de la dernière minute. Les (_____) s'allument, la musique (_____)... Ça y est, on entend déjà les (_____) de la réussite.

60

Projecteurs, musique...
Tout est prêt ! *(suite)*

applaudissements	saluant	arrière-scène	gigantesque	petit
couturiers	soirée	parfait	participantes	médias
heure	date	savoir-faire	budget	foule
prix	vêtements	imprimer	projecteurs	mannequins
démarre	essayage			

Réponds aux questions suivantes.

1. Trouve cinq adjectifs qualificatifs dans le texte et écris-les.

_____

2. Trouve 10 verbes dans le texte et mets-les à l'infinitif.

_____

_____

3. Trouve 10 noms communs dans le texte et écris-les.

_____

_____

61

4. Que faut-il faire pour attirer l'attention lorsqu'on prépare un défilé ? _____

_____

5. Que faut-il inscrire sur un billet ? _____

_____

_____

6. Quel est le rôle du couturier lors d'une grande soirée ? _____

_____

7. Aimerais-tu être un mannequin un jour ? Pourquoi ? _____

_____

_____

_____

La perte
d'un grand couturier

Lis ce texte et réponds aux questions de la page suivante.

« Gianni ! Gianni ! » Les paroles désespérées d'Antonio D'Amico, l'ami, le confident, l'ombre fidèle de Versace qui le suivait partout depuis des années, ne sont pas parvenues à ranimer son compagnon foudroyé.

Mardi, peu avant 9 heures, Antonio attendait Gianni pour prendre le petit-déjeuner avec les journaux et les croissants, quand il a entendu deux détonations provenant de la rue. Debout sur la plage, Ken Ashford, un joggeur matinal, apercevant l'homme affalé sur les marches ensanglantées de la Casa Casuarina, a d'abord cru que l'on y tournait un film.

Le jour comme la nuit, Ocean Drive, rue très branchée du quartier art déco de Miami, est un spectacle permanent. Gianni Versace est entré par hasard dans ce décor en 1992, lors d'un voyage. Un taxi lui a fait visiter ce charmant quartier et il a décidé de s'installer à l'endroit appelé South Beach. Contrairement à Madonna et à Sylvester Stallone, qui ont fait ériger autour de leur maison une grille en fer forgé qui les isole totalement du public, Gianni n'a jamais eu peur pour sa sécurité. Les portes de sa maison, surveillées par des caméras vidéo, étaient ouvertes à tous ses amis.

Mais, mardi matin vers 9 heures, l'homme le plus dangereux des États-Unis était sur le trottoir d'Ocean Drive, à Miami Beach. Cet homme, Andrew Cunanan, s'apprêtait à faire une terrible folie, tirer sur le plus grand couturier de la planète. Gianni est mort devant sa résidence qu'il aimait tant.

La perte d'un grand couturier *(suite)*

1. De quoi parle cette histoire ?

   _____

   _____

2. Que faisait Gianni Versace ?

   _____

   _____

3. Dans quelle rue était localisée sa maison ?

   _____

4. Qui était Ken Ashford ?

   _____

5. Dans quel pays est situé South Beach ?

   _____

6. Comment se nomme le meurtrier de cette histoire ?

   _____

7. Qu'est-ce qui protégeait la maison de Gianni Versace ?

   _____

8. Nomme deux vedettes qui habitaient le même quartier que Gianni Versace.

   _____   _____

9. Qui était Antonio D'Amico ?

   _____

   _____

10. À quelle heure et quel jour Gianni Versace est-il mort ?

    _____

11. Trouve 15 verbes dans ce texte et écris-les.

    _____ _____ _____ _____ _____

    _____ _____ _____ _____ _____

    _____ _____ _____ _____ _____

12. Trouve 10 adjectifs qualificatifs dans ce texte et écris-les.

    _____ _____ _____ _____ _____

    _____ _____ _____ _____ _____

Le monde t'appartient !

En 1998 se tenait l'Exposition universelle de Lisbonne, au Portugal. Grâce à cette exposition, le monde entier a été concentré en un même endroit. En faisant une minirecherche, décris quelques événements qui ont eu lieu durant l'Exposition.

« Les océans, un patrimoine pour l'avenir »

_____

_____

_____

_____

_____

_____

_____

_____

_____

_____

_____

_____

_____

_____

_____

_____

_____

_____

_____

_____

_____

Une chorégraphie en direct

Croque-Info !

Le complément direct complète le verbe. Il indique un animal, une personne ou une chose. On doit poser la question *qui* ou *quoi* après le verbe pour trouver le complément direct.

1. Lis chaque phrase. Coche « Oui » s'il y a un complément direct et « Non » s'il n'y en a pas.

		Oui	Non
a)	Les mannequins mangent beaucoup de légumes et de fruits.	Oui	Non
b)	Les photographes utilisent des objectifs spéciaux.	Oui	Non
c)	Le coiffeur propose une coiffure très à la mode.	Oui	Non
d)	Les couleurs de cette année seront très foncées.	Oui	Non
e)	Les créateurs québécois utilisent des tissus d'ici.	Oui	Non
f)	Un journaliste est invité à ce défilé.	Oui	Non
g)	Nous donnerons des fleurs au directeur du spectacle.	Oui	Non
h)	J'ai annulé la représentation de ce soir.	Oui	Non
i)	Pouvez-vous me donner vos coordonnées ?	Oui	Non
j)	Cette soirée est organisée par Tommy Hilfiger.	Oui	Non
k)	Le style « yo » fut adopté par la jeunesse canadienne.	Oui	Non
l)	Toutes les personnes font un don de charité.	Oui	Non

2. Compose cinq phrases ayant des compléments directs.

_____

_____

_____

_____

_____

3. Complète les phrases suivantes avec des compléments directs.

a) Un créateur organise _____

b) Le chorégraphe compose _____

c) Claudia porte _____

d) Les responsables changent _____

e) Le coiffeur boucle _____

f) Chaque mannequin mange _____

Un défilé à la mode

Croque-Mots a inventé un code pour t'expliquer ce qu'il a vu au défilé de mode hier. Il faut remplacer chaque paire de lettres par la lettre de l'alphabet située entre les deux. Trouve ce que Croque-Mots veut te dire.

ln-zb / ln-df-qs-df / ln-'zb / zb-ln-df-mo-df / zb / tv-mo / ce-df-eg-hj-km-df / ce-df / ln-np-ce-df / gi-hj-df-qs / rt-np-hj-qs.//

k'm-zb-qs-fh-df-mo-su / ce-df-rt / ac-hj-km-km-df-su-rt / zb-km-km-zb-hj-su / ce-zb-mo-rt / tv-mo / eg-np-mo-ce-rt / oq-np-tv-qs / km-df / bd-zb-mo-bd-df-qs.//

su'-zb-tv-qs-zb-hj-rt / ce-tv / uw-np-hj-qs / su-np-tv-rt / bd-df-rt / fh-df-mo-rt / zb / km-zb / ln-np-ce-df.//

hj-km / xz / zb-uw-zb-hj-su / ln-df-ln-df / ce-df-rt / eg-hj-km-km-df-rt / df-su / ce-df-rt / fh-zb-qs-bd-np-mo-rt / pr-tv-hj / np-mo-su / ce-df-eg-hj-km-df / rt-tv-qs / km-zb / rt-bd-df-mo-df / df-mo / ln-zb-hj-km-km-np-su / ce-df / ac-zb-hj-mo / rt-tv-qs / km'-zb-hj-qs / ce-df / « rt-tv-qs-eg / hj-mo / tv.-rt.-zb ».//

hj-km / xz / zb-uw-zb-hj-su / ac-df-zb-tv-bd-np-tv-oq / ce-df / bd-qs-df-zb-su-hj-np-mo-rt / ce-df-rt / fh-qs-zb-mo-ce-rt / bd-np-tv-su-tv-qs-hj-df-qs-rt.//

km-zb / ln-tv-rt-hj-pr-tv-df / df-su-zb-hj-su / rt-tv-oq-df-qs-ac-df / df-su / km-df-rt / ik-df-tv-mo-df-rt, / su-qs-df-rt / zb / km-zb / oq-zb-fh-df.//

mo-np-tv-rt / zb-uw-np-mo-rt / zb-oq-oq-km-zb-tv-ce-hj / ln-zb-fh-hj-rt-su-qs-zb-km-df-ln-df-mo-su / oq-np-tv-qs / km-zb / eg-hj-mo-zb-km-df.//

66

Un défilé à la mode *(suite)*

Écris le message de Croque-Mots dans la lettre suivante.

__ __ __/ __ __ __ __ __/ __ __'__/ __ __ __ __ __ __/ __ __ __/ __ __/ __ __ __/
__ __/ __ __ __ __ __/ __ __ __/ __ __ __ __ __ __/ __ __ __ __ __ __/
__ __ __ __.

__ __'__ __ __ __ __ __ __ __/ __ __ __ __ __ __ __/ __ __ __ __ __ __ __ __/
__ __ __ __ __ __/ __ __ __ __/ __ __ __ __ __/ __ __ __/ __ __ __ __/
__ __ __ __/ __ __/ __ __ __ __ __ __.

__ __'__ __ __ __ __ __ __ __/ __ __ __/ __ __ __ __ __ __ __/ __ __ __ __ __/
__ __ __ __ __/ __ __ __ __ __/ __ __/ __ __ __/ __ __ __ __.

__ __ __/ __ __/ __ __ __ __ __ __ __/ __ __ __ __ __/ __ __ __ __ __ __/
__ __ __ __ __ __/ __ __ __ __/ __ __ __/ __ __ __/ __ __ __ __ __ __/
__ __ __ __ __/ __ __ __ __ __/ __ __ __ __ __ __/ __ __ __ __ __/ __ __ __/
__ __ __ __ __ __/ __ __ __ __ __/ __ __ __/ __ __ __ __ __ __/ __ __ __/
__ __ __ __/ __ __ __ __ __/ __ __'__ __ __ __ __ __/ __ __ __ __/ « __ __ __ __/
__ __ __/ __ __ __ __ ».

__ __ __/ __ __ __/ __ __ __ __ __ __ __ __ __/ __ __ __ __ __ __/ __ __ __/
__ __ __ __ __ __ __/ __ __ __ __ __/ __ __ __ __ __ __/ __ __ __ __ __/
__ __ __ __ __ __ __ __ __ __ __ __.

__ __ __/ __ __ __ __ __ __ __ __ __/ __ __ __ __ __ __/
__ __ __ __/ __ __ __ __ __ __/ __ __ __ __ __ __ __ __,/
__ __ __ __ __/ __ __/ __ __ __/ __ __ __/ __ __ __ __.

__ __ __ __ __/ __ __ __ __ __ __ __ __/ __ __ __ __ __ __/ __ __ __ __ __ __/
__ __ __ __ __ __ __ __ __ __/ __ __ __ __ __ __/ __ __ __ __/
__ __ __/ __ __ __ __ __ __.

Une garde-robe bien garnie...

1. Mets les phrases suivantes au pluriel.

a) Il regarde son pantalon bleu dans la garde-robe.

_____

b) Le monsieur aime porter sa fameuse cravate noire.

_____

c) J'ai lavé le couvre-pied et le drap de mon lit.

_____

d) Le bijou de ma grand-mère est serti d'une pierre précieuse.

_____

e) Dans mon armoire, je vois une robe, une jupe, une blouse et un jean.

_____

f) Ma valise déborde de vêtements.

_____

g) Tu dois repriser ton bas de laine tout troué.

_____

h) Cette fillette s'est acheté un solide casque de vélo.

_____

2. Dans chacune des séries suivantes, encercle le mot qui forme son pluriel différemment des autres.

a) bouche, nez, main, jambe, doigt, ventre, taille

b) cercueil, feuille, écureuil, œil, orgueil, seuil

c) puits, temps, fois, toit, pois, mois, poids

d) fanal, canal, journal, animal, oral, festival

e) croix, voix, faux, houx, noix, voie, roux

f) mou, chou, caillou, bijou, pou, genou, joujou

g) essieu, lieu, cheveu, neveu, aveu, feu, bleu

68

À la mode ou démodé ?

Te poses-tu souvent la question de savoir si tu es à la mode ?
Eh bien, Croque-Mots aussi ! Lis le texte suivant et, en te basant sur le contexte,
écris la définition des mots du bas de la page.

Ah ! La mode !

Moi, Croque-Mots, je suis un des crocodiles les plus *in* de ma ville. Je ne m'habille que dans les grands magasins les plus à la mode et dans les boutiques spécialisées. La preuve, j'ai déniché une superbe redingote noire dans un coquet magasin de prêt-à-porter la semaine dernière. Elle me va à merveille ! J'ai pu agrémenter celle-ci d'un original couvre-chef . J'ai failli craquer pour une longue canadienne pour cet hiver, mais c'était beaucoup trop onéreux .

En me promenant dans une étroite rue bondée de gens, j'ai découvert un commerce spécialisé en fringues pour artistes. Moi qui danse fréquemment dans une troupe de ballet, je me suis payé un justaucorps bleu roi extrêmement seyant. Pour l'accompagner, un magnifique paréo aux couleurs flamboyantes.

Ah ! oui ! J'ai menti… J'adore fouiller dans les bazars et les marchés aux puces à la recherche de fripes à des prix époustouflants.

À chacun ses petites folies…

69

Mots à définir

a) redingote : _____

b) prêt-à-porter : _____

c) couvre-chef : _____

d) canadienne : _____

e) onéreux : _____

f) fringues : _____

g) justaucorps : _____

h) seyant : _____

i) paréo : _____

j) fripes : _____

Un défilé de mots tout en couleurs !

1. Voici plusieurs mots que tu connais. Croque-Mots te demande d'écrire *le*, *la*, *un* ou *une* devant ceux-ci.

a) _____ aiguille

b) _____ orange

c) _____ éclair

d) _____ homard

e) _____ hélicoptère

f) _____ horloge

g) _____ automobile

h) _____ garde-robe

i) _____ histoire

j) _____ escalier

k) _____ autobus

l) _____ armoire

m) _____ épée

n) _____ cantaloup

o) _____ accordéon

2. Place un trait d'union là où il le faut.

a) Aimes tu toujours le coffre fort de ta grand mère ?

b) Ton père a t il vraiment cinquante deux cravates ?

c) Il est contre indiqué de faire voler un cerf volant ici.

d) Est ce que sa sœur s'est acheté un nouveau réveille matin ?

e) Prends cette cassette et mets la dans le magnétophone.

f) Crois tu qu'il y aura un arc en ciel après la pluie ?

g) Pouvons nous ranger cette garde robe ?

h) Ma meilleure amie est restée une demi heure dans le magasin pour acheter une demi bouteille de vin.

i) Y a t il eu un court circuit dans votre maison ?

Quel accoutrement !

Trouve les cinq erreurs dans le dessin du bas de la page.

71

Des homophones à la mode !

Choisis, dans les phrases suivantes, le bon homophone.

1. (mes, mais, met, mets, m'est)

Il _____ souvent arrivé d'emprunter les vêtements de ma sœur sans qu'elle s'en rende compte. Parfois, je _____ sa belle jupe en lin bourgogne, _____ je _____ mon chandail avec celle-ci. Mon frère aussi lui en emprunte. Il _____ son chandail de basket-ball. C'est toujours plus agréable de mettre les vêtements des autres…

2. (ses, ces, c'est, s'est, sait)

Joanny porte _____ bas troués. Il y a des trous partout. Elle le _____, mais _____ sa mère qui les répare toutes les fois. « _____ bas sont de vraies guenilles ! » dit-elle très souvent. Joanny, à contrecœur, _____ rendue jusqu'à la poubelle et les a finalement jetés. Ouf !

72

3. (son, sont, on, ont)

Les élèves _____ oublié leur manteau dans leur casier. _____ leur a dit le lendemain de ne pas l'oublier cette fois-ci, car le concierge doit nettoyer les casiers. Trois d'entre eux _____ très étourdis. Ils partent en courant vers l'autobus. L'enseignant met _____ manteau et sort pour avertir les jeunes. Quelle étourderie !

4. (peu, peux, peut)

Un _____ d'originalité, voilà le secret d'une mode vestimentaire très appréciée. On _____ se penser original et malheureusement devenir marginal. _____-tu me croire ?

Des costumes qui volent la vedette

Dans le texte suivant, encercle en rouge les adjectifs au masculin et en bleu ceux qui sont au féminin.

Un bal bien spécial

Bien des gens deviennent friands de ces fameux bals costumés. Étant l'ami intime de Croque-Mots, je me suis permis de me rendre à ce fabuleux hôtel du centre-ville et de lui faire un petit compte rendu de cette splendide soirée de bal.

Premièrement, nous étions attendus dans le vaste hall de l'hôtel pour un pétillant champagne frais et envoûtant. Une dame à l'allure fringante, déguisée en princesse du Moyen Âge, a officiellement annoncé l'ouverture du bal. Sur une musique enivrante, des danseurs expérimentés ont défilé devant nous à une vitesse vertigineuse.

Les costumes ne pouvaient être plus originaux et étincelants. Un homme, enfin on suppose, portait un brillant costume d'astronaute. Un autre déambulait sur la piste, dans une carcasse métallique d'un chevalier d'autrefois. Chaque pas cliquetait sur le parquet lustré et ciré.

Une jeune femme virevoltait en empruntant la vie de son costume. Une excentrique coccinelle rouge tachetée de noir était accompagnée d'un insecte tout aussi saugrenu : un genre de gros scorpion noir, très souriant.

Finalement, mon attention s'est portée sur le costume le plus extravagant de la soirée. Un homme ou une femme... aucune idée, se traînait difficilement à travers la salle. Une tringle circulaire au-dessus de la tête, un rideau de tissu imperméable et rayé entourant son corps, de l'eau placée en haut de la toile rigide, voilà un costume de douche vivante très authentique. Quelle originalité ! Chanceux, il sera déjà démaquillé et lavé avant de terminer la soirée. Wow ! Tout un bal !

Un élève branché sur les mots...

1. **Dans les phrases suivantes, il manque un mot ou quelques mots. Fais un X à l'endroit dans la phrase où il manque quelque chose et réécris la phrase correctement.**

   a) J'aime pas mettre mon habit de neige pour aller à l'école.

   _____

   b) Il y a beaucoup d'élèves qui pensent qu'à s'amuser.

   _____

   c) S'il vous plaît, madame, pouvez m'aider ?

   _____

   d) Il reste qu'une minute avant que la cloche sonne.

   _____

   e) Il a une nouvelle boutique de vêtements dans ma rue.

   _____

   f) Je me suis chicané avec mon ami, mais je joue quand même avec.

   _____

   g) Personne veut manquer cette fameuse émission de télévision.

   _____

   h) Mon frère m'a dit qu'il mangerait pas aujourd'hui.

   _____

74

2. **Dans ces phrases-ci, trace un X sur le ou les mots inutiles. Réécris la phrase correctement.**

   a) Quand qu'on met des souliers à talons hauts, on peut avoir mal aux pieds.

   _____

   b) Ma sœur a dit qu'elle ne voulait pas personne dans sa chambre.

   _____

   c) On n'a eu tellement chaud aujourd'hui.

   _____

   d) J'adore me promener avec mes amies comme Julia, Kathy et Patricia.

   _____

   e) Cette boutique offre un grand nombre de choix de vêtements.

   _____

   f) Ma mère va s'acheter une belle robe, et des souliers et un chapeau.

Tu es unique!

Tu es la seule personne capable d'effectuer ces exercices. Prouve-le!

1 Peux-tu trouver les termes français correspondant aux anglicismes suivants?

a) canceller → _____   g) game → _____

b) fun → _____   h) parking → _____

c) cool → _____   i) skate → _____

d) joke → _____   j) stop → _____

e) zipper → _____   k) top → _____

f) cute → _____   l) short → _____

2 Peux-tu relier les inventeurs à leurs inventions et écrire le chiffre qui correspond à l'invention dans le carré?

a) Bell ☐

b) Curie ☐

c) Edison ☐

d) Fleming ☐

e) Ford ☐

f) Galilée ☐

g) Kepler ☐

h) Lumière ☐

i) Marconi ☐

j) Newton ☐

k) Niepce ☐

l) Pasteur ☐

1. Ampoule

2. Automobile

3. Cinématographe

4. Gravité

5. Inertie

6. Lois de Kepler

7. Pasteurisation

8. Pénicilline

9. Photographie

10. Radium

11. Télégraphie

12. Téléphone

75

Une finale grandiose !

Et hop ! Charivari ! Trouve les mots sur le thème de la mode en regardant le tableau ci-bas pour t'aider.

1. lledntee → _____

2. féliéd → _____

3. fotfeé → _____

4. lnchiada → _____

5. ntosve → _____

6. inqmnaneu → _____

7. doem → _____

8. ufoicfer → _____

9. yarneno → _____

10. apcuhea → _____

11. ilteg → _____

12. oanlt → _____

13. dbraéredu → _____

14. sheimce → _____

15. rcahéep → _____

16. ntmauea → _____

17. ujep → _____

18. raavcet → _____

19. lmilato → _____

20. ndteogeri → _____

21. tolnapan → _____

22. rapniecs → _____

23. lumalgqiea → _____

24. burna → _____

76

dentelle	rayonne	chapeau	maillot
talon	défilé	redingote	chandail
chemise	mannequin	jupe	ruban
coiffure	escarpin	veston	débardeur
cravate	écharpe	mode	gilet
maquillage	pantalon	manteau	étoffe

Voyages à l'horizon !

Un voyage qui m'a organisé

Complète le texte suivant en conjuguant les verbes demandés entre parenthèses. Croque-Mots te raconte...

> Un voyage qui m'a organisé

Je me _____ (souvenir) d'un voyage avec mes parents. Il y a envi-ron deux ans de cela, ma mère m'_____ (annoncer) que nous _____ (partir) en voyage toute la semaine de relâche scolaire. Wow! J'en _____ (trépigner) de joie! L'idée de _____ (profiter) des chauds rayons du soleil, de me _____ (promener) en maillot de bain et de tremper mes pieds dans la mer me _____ (réjouir) au plus haut point. J'_____ (être) alors terriblement déçu. Ma mère m'_____ (apprendre) que nous _____ (aller) plutôt nous _____ (geler) les orteils sur des pentes de ski. Nooon! Je n'_____ (avoir) vraiment pas le goût d'aller _____ (skier) avec mes parents. Le pire... je m'_____ (être) fait terriblement organiser. Voilà l'horaire qui m'_____ (être) imposé pendant sept jours. Lever à 6 heures tous les matins : «Il _____ (falloir) être en forme!» Nous _____ (déjeuner) très copieusement : «Nous _____ (devoir) remplir notre ventre pour bien profiter de la journée!»

De 9 heures à 12 heures : skier... de 13 heures à 16 heures : skier et... mes parents _____ (être) très déçus qu'il n'y _____ (avoir) pas de lumière pour le ski de soirée. Mais je n'ai pas eu de temps pour moi le soir non plus : «Nous _____ (jouer) aux cartes toute la famille!» Ouf! Quelle semaine! La morale? Je suis revenu à l'école, exténué de mes vacances et complètement déçu de ne pas arborer un teint plus frais que ça. Je m'_____ (être) fait totalement organiser.

78

Destination inconnue...

Les parents de Croque-Mots sont partis en voyage. Croque-Mots voudrait bien te dire leur destination, mais il ne s'en souvient plus. Aide-le à s'en rappeler en trouvant les noms des pays dans la grille ci-dessous.

Les lettres restantes (9) formeront la destination inconnue.

F	I	N	L	A	N	D	E	R	P
R	O	U	M	A	N	I	E	I	O
A	R	A	B	I	E	T	H	O	L
N	I	G	E	R	I	A	A	I	O
C	U	B	A	C	H	I	N	E	G
E	C	E	S	I	N	D	E	S	N
H	O	L	U	N	E	P	A	L	E
O	L	G	I	N	A	B	I	L	M
L	O	I	S	L	M	R	S	A	E
L	M	Q	S	A	A	É	L	G	X
A	B	U	E	E	R	S	A	U	I
N	I	E	C	N	O	I	N	T	Q
D	E	E	D	E	C	L	D	R	U
E	R	J	A	P	O	N	E	O	E
G	U	A	D	E	L	O	U	P	E

? _____ ?

79

Arabie	Népal	Portugal
Belgique	Cuba	Rio
Brésil	Finlande	Suisse
Chine	France	Hollande
Colombie	Grèce	Indes
Liban	Guadeloupe	Islande
Maroc	Nigéria	Roumanie
Mexique	Pologne	Japon

D'un continent à l'autre

D'un continent à l'autre, la famille est toujours très importante.
Pour Croque-Mots aussi, évidemment. Regroupe tous les mots
de même famille dans un même ensemble.

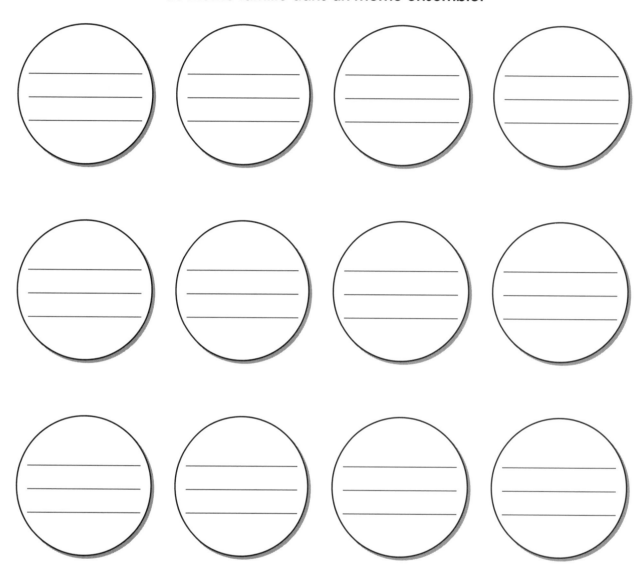

performance	épulpeur	efféminer	équilibre
loi	harengère	harassement	bouchée
harassant	revendre	performer	féminité
raison	jonction	législation	pulpaire
musicologue	rééquilibrage	harasser	harenguier
pulpe	harengaison	féminin	déraisonnable
joindre	raisonnement	performant	musicalité
vente	musiquette	équilibriste	législatif
buccal	jointure	bouche	vendu

Baluchon en main

Croque-Mots s'est amusé à retourner les cartons de mots appartenant aux définitions suivantes. Trouve les mots manquants en t'aidant des mots du baluchon du bas de la page.

[   ] ➤ n.m. Indication, parfois accompagnée d'une description, de tous les lieux par où l'on passe pour aller d'un pays à un autre.

[   ] ➤ n.f. Action de s'arrêter pour se ravitailler, pour embarquer ou débarquer des passagers.

[   ] ➤ n.m. Simple excursion au cours de laquelle on prend des photos d'animaux sauvages.

[   ] ➤ n.f. Action de s'échapper d'un lieu.

[   ] ➤ n.f. Étendue de terre où ne croissent que certaines plantes sauvages.

[   ] ➤ n.f. Agitation désordonnée, bruyante.

[   ] ➤ n.m. Qui représente des débris ou ruines.

[   ] ➤ adj. Qui n'appartient pas à nos civilisations occidentales, qui provient de pays lointains.

[   ] ➤ n.f. Course de taureaux.

[   ] ➤ n.f. Action d'introduire sur le territoire national des produits en provenance des pays étrangers.

81

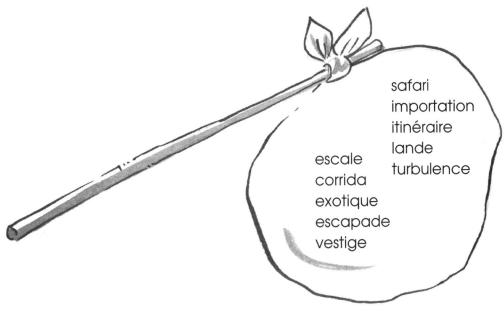

safari
importation
itinéraire
lande
turbulence
escale
corrida
exotique
escapade
vestige

Une route sinueuse...

Voici un petit jeu que Croque-Mots te présente. Tu as besoin d'un dé et de deux pions (autos). Lorsque ton pion se pose sur une case, ton adversaire doit te poser la question correspondant au même numéro, située à la page suivante.
Si tu as la bonne réponse, tu gagnes un point. Chacun joue à tour de rôle.
Si tu n'as pas la bonne réponse, tu perds un tour. Bonne chance !

82

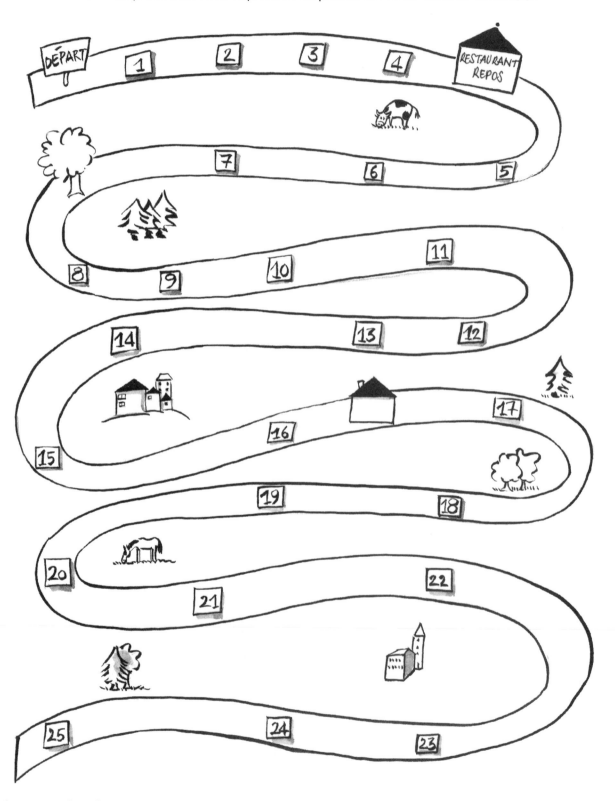

Une route sinueuse... *(suite)*

Questions

1. Nomme le féminin du mot «empereur». _____

2. Trouve l'infinitif du mot «connu». _____

3. Je suis le petit de la chamelle. Qui suis-je? _____

4. Vrai ou faux? Un barbeau est une sorte de poisson. _____

5. Comment s'appelle le cri du porc? _____

6. Quel est le pluriel du mot «chou»? _____

7. Quel est l'antonyme du mot «vrai»? _____

8. Fruit du merisier. _____

9. Verbe «réussir», passé composé, 2e pers. plur. _____

10. Je suis le chien d'Obélix. _____

11. Vrai ou faux? La baleine est vivipare. _____

12. Trouve un synonyme de «triste». _____

13. Trouve le féminin du mot «aventurier». _____

14. Complète la phrase «La grenouille coasse et le corbeau...» _____

15. Trouve un mot de même famille que «laid». _____

16. Quel est le pluriel du mot «nez»? _____

17. Vrai ou faux? On dit *un* aiguille. _____

18. Verbe «mordre», conditionnel prés. 1re pers. plur. _____

19. Vrai ou faux? Le mot «appareil» s'écrit avec un seul *p*. _____

20. Trouve un antonyme du mot «bien». _____

21. Je suis le chien de Tintin. _____

22. Je suis le mâle de la laie. Qui suis-je? _____

23. Trouve le pluriel du mot «pneu». _____

24. Trouve le féminin du mot «amateur». _____

25. Verbe «encourager», imparfait de l'indicatif, 3e pers. plur. _____

83

S.O.S. détresse !

S.O.S. signifie « Save Our Souls » en anglais, c'est-à-dire :
« Sauvez nos âmes ». Le code morse est très utile pour effectuer
des S.O.S. en mer.

Trouve le message codé au bas de la page.

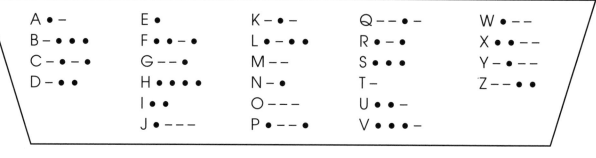

A • –	E •	K – • –	Q – – • –	W • – –
B – • • •	F • • – •	L • – • •	R • – •	X – • • –
C – • – •	G – – •	M – –	S • • •	Y – • – –
D – • •	H • • • •	N – •	T –	Z – – • •
	I • •	O – – –	U • • –	
	J • – – –	P • – – •	V • • • –	

84

•–/–/–/• /•/–/• •/–––/–•//!
__ __ __ – __ __ __ – __ __ __ __!

•••/–––/•••//!!! •–––/•// ••–•/•–/••/•••//
__ __ __!!! __ __ __ __ __ __ __ __ __

–••/••–// –•••/•–/–/•/•–/••–// •–/•••–/•/–•–•//
__ __ __ __ __ __ __ __ __

––/–––/–•// ––•/•–•/•–/–•/••//(-)•––/•/•–•/•//
__ __ __ __ __ __ __ __ __(-) __ __ __ __

•/–// •–––'•–/••// –•–•/–––/––/•–•/•–••/•/–/•––/•/–•/–//
__ __ __ __' __ __ __ __ __ __ __ __ __ __

–––/••–/–•••/••/•// ––/•–// •••/••–/•––•/•/•–•//
__ __ __ __ __ __ __ __ __ __

–•••/–––/••/–/•// ••/•// –•••/••/•••/–•–•/•––/••/–/•••//
__ __ __ __ __ __ __ __ __ __ __ __

•–/••–// –•–•/••••/–––/•–•/–––/•–••/•–/–//...
__ __ __ __ __ __ __ __ __...

––•–/••–/•// •••–/•–/••/•••//(-)•–––/•//
__ __ __ __ __ __(-) __ __

••–•/•–/••/•–•/•//?
__ __ __ __ __?

–•–•/•–•/–––/–•–•/•–•/••–/•//(-)––/–––/–/•••//
__ __ __ __ __ __(-) __ __ __ __ __

Des mots voyageurs

1 Trouve, pour chaque terminaison demandée, un exemple qui se termine ainsi.

Terminaison au masculin	Terminaison au féminin	Tes mots au masculin	au féminin
teur	trice		
f	ve		
x	se		
eil	eille		
on	onne		
ot	otte		
et	ette		
eur	eure		
er	ère		
eau	elle		
el	elle		
en	enne		

2 Compose des phrases qui utilisent le féminin de chacun des mots suivants.

a) [créateur] → au féminin : [   ]

_____

b) [jumeau] → au féminin : [   ]

_____

c) [bref] → au féminin : [   ]

_____

d) [annonceur] → au féminin : [   ]

_____

e) [meilleur] → au féminin : [   ]

_____

85

Ma première expérience en avion... ouf !

Lis le texte ci-dessous et réponds aux questions de la page suivante.

Quand j'avais cinq ans, mes parents ont eu l'idée saugrenue d'aller faire un voyage en Floride pendant les vacances de Noël. Bizarre ? Oui ! Fêter Noël sous le soleil, pour moi, ce n'était pas normal. Peu importe... Je ne tenais plus en place en ce 19 décembre 1994. J'allais enfin vivre mon « baptême de l'air » ! J'avais vu des images d'avions, des films, des livres d'histoires, etc. Mais jamais, au grand jamais, je n'avais embarqué dans un vrai « 747 » d'Air Canada.

En cette belle journée du fameux départ, j'observe le calme étonnant de mes parents, attendant pour passer les douanes. Nous voilà dans un transbordeur qui nous mènera à l'immense avion blanc et rouge que j'aperçois au loin. Wow ! Je franchis la porte de ce gigantesque oiseau à réaction qui me conduira aux chaudes plages de sable de Miami.

Je m'assois près d'un hublot, bien sûr, de façon à observer les terres éloignées et les nuages blancs et dodus. 5-4-3-2-1-0... décollage ! Ceinture attachée, je sens une pression dans ma tête qui est collée contre l'appuie-tête. La peur ainsi que la frayeur déclenchent un léger saignement de nez... ce qui m'arrive souvent d'ailleurs. Ouf ! Enfin, nous sommes dans les airs. Tout à coup, une odeur nauséabonde vient remplir mes narines. J'ai bien l'impression qu'une personne derrière moi a besoin de désodorisant et ne s'en sert pas. J'ai de la difficulté à comprendre cela, car je sens toujours bon. J'essaie de me détendre. Je commence à ressentir profondément et intensément la faim. Justement l'hôtesse me présente un plateau de dîner. Je l'ouvre délicatement et aperçois du bœuf aux légumes. Beurk ! Je déteste le bœuf, mais j'ai tellement faim que j'avale goulûment le contenu du plateau. Je prends ma revanche avec un succulent gâteau au chocolat pour dessert. Rassasié, je m'installe pour jouer aux cartes avec ma mère. Soudain, l'avion bouge et descend quelque peu. Le pilote nous avertit alors qu'il y aura des turbulences dues au mauvais temps. Résultat ? J'ai appris à me servir du petit sac en papier... Quel voyage ! J'en ai eu pour mon argent. Cependant, j'ai adoré la Floride. Je ne voulais plus repartir. J'ai pleuré beaucoup... Surtout au moment d'embarquer dans l'avion...

86

Ma première expérience en avion... ouf ! (suite)

Réponds aux questions se rapportant au texte.

1 As-tu déjà pris l'avion ?
Si oui, ton expérience ressemble-t-elle à celle de Croque-Mots ?

_____

2 Quels sont les désagréments vécus par Croque-Mots dans l'avion ?

_____

_____

_____

_____

3 Trouve trois adverbes dans le texte et écris-les.

_____   _____   _____

4 Trouve 10 adjectifs qualificatifs dans le texte et écris-les.

_____   _____

_____   _____

_____   _____

_____   _____

_____   _____

5 Quel mot dans le texte est synonyme de « absurde » ? _____

6 Trouve le mot de même famille que « effraye ». _____

7 Trouve cinq verbes à l'infinitif dans le texte et écris-les.

_____   _____   _____   _____   _____

8 Combien y a-t-il de verbes conjugués dans ce texte ? _____

9 Trouve deux mots de même famille (dans ta tête ou dictionnaire) que
« délicatement ».

_____   _____

10 Écris une phrase exclamative du texte.

_____

87

Les douanes à l'horizon

1 Trouve les mots qui représentent chaque définition. Ce sont tous des verbes à l'infinitif.

1. Monter à bord d'un bateau. E M _ _ _ _ _ _ R

2. Avion qui fait l'action de s'élever. D _ _ _ _ _ _ _ R

3. Bateau qui s'approche du quai. A C _ _ _ _ _ R

4. Faire un voyage. V _ _ _ _ _ R

5. Naviguer en zigzaguant. L O _ _ _ _ _ R

6. Parcourir en observant, chercher. E _ P _ _ _ _ R

7. Faire que ce qui est énoncé dans une langue le soit dans une autre. T _ _ _ _ _ _ _ E

8. Faire changer de pays, de lieu, de milieu. D É P _ _ _ _ R

9. Prendre l'habitude de… A C C _ _ _ _ M _ R

10. Faire l'ascension de… E _ C _ _ _ _ _ R

88

2 Encercle la lettre qui représente la bonne réponse.

Avoir des yeux tout le tour de la tête :

a) Avoir les cheveux dans les yeux.

b) Être attentif à tout ce qui se passe autour de soi.

c) Être distrait.

Avoir l'estomac plus grand que la panse :

a) Maladie de l'estomac, crampes.

b) Penser à ce que l'on va mettre dans son estomac.

c) Manger encore, même quand on n'a plus faim.

Se mettre les pieds dans les plats :

a) Sauter à pieds joints dans un plat.

b) Se placer dans une situation embarrassante.

c) Se cogner les orteils.

D'est en ouest

À l'aide de la banque de mots, construis de belles phrases.
Tu dois utiliser tous les mots de la banque.

vers   bicyclette.   en   quittent   la   trains   villes
village   les   diriger   Tous   se
gare   habitants   À   centrale   ce   de   plusieurs
des   jour,   importantes.   pour   chaque   voyagent

Phrase n° 1 : _____

_____

Phrase n° 2 : _____

_____

Les   Montréal   de   Québec,   à   À   quartiers   villages
de   habitants   l'ouest   vivent   on   l'est   de   plusieurs   de
la   ville   compte   visiter.   des   résidentiels.   dans

89

Phrase n° 3 : _____

_____

Phrase n° 4 : _____

_____

la   du   Chicoutimi   a   As-   Chaque   un   l'été
transport   réseau   de   en   monde   commun
dernier ?   importante   grande   tu   ville   de   visité   ville

Phrase n° 5 : _____

_____

Phrase n° 6 : _____

_____

Un repos en gondole

Le grand-père de Croque-Mots lui raconte ses voyages. Il lui dit que lorsqu'il était à Venise, il aimait bien se reposer en s'amusant à résoudre des rébus dans sa gondole. Es-tu capable d'en faire autant ?

New York! New York!

Découvre ce qu'il y a de fantastique dans cette ville
en te servant des coordonnées suivantes.

7	u	c	a	p	x	j	i	e
6	k	p	s	t	f	a	c	w
5	q	g	b	m	u	d	r	n
4	o	e	z	n	o	q	y	l
3	r	s	v	y	d	j	s	t
2	a	h	u	l	g	k	o	b
1	m	i	f	v	n	e	z	i
	A	B	C	D	E	F	G	H

91

(G,3) (C,7) (H,4) (C,2) (D,6) !

__ __ __ __ __ !

(G,3) (A,2) (C,3) (F,6) (H,1) (B,3)-(D,6) (E,5) / (A,5) (E,5) (F,1) / (D,2) (A,2)

__ __ __ __ __ __ __ - __ __ __ __ __ __ __ __

(B,3) (H,3) (C,7) (H,3) (E,5) (B,4) / (E,3) (B,4) / (D,2) (A,2)

__ __ __ __ __ __ __ __ __ __ __

(H,4) (G,7) (C,5) (B,4) (A,3) (H,3) (F,1) / (F,1) (B,3) (D,6) / (C,2) (H,5)

__ __ __ __ __ __ __ __ __ __ __ __

(A,1) (E,4) (D,4) (E,5) (D,5) (H,7) (E,1) (D,6)

__ __ __ __ __ __ __ __

(B,2) (B,1) (G,3) (H,3) (E,4) (G,5) (G,7) (F,4) (E,5) (B,4) / (D,6) (A,3) (H,7) (G,3)

__ __ __ __ __ __ __ __ __ __ __ __ __ __

(B,1) (A,1) (B,6) (G,2) (G,5) (H,3) (A,2) (D,4) (D,6) / (A,2)

__ __ __ __ __ __ __ __ __ __

(E,1) (F,1) (H,6) / (G,4) (G,2) (G,5) (A,6) ?

__ __ __ __ __ __ __ ?

L'Équateur en chaleur !

Lis chacune des phrases suivantes et, d'après le contexte de la phrase, encercle le mot bizarre. Recopie correctement la phrase sur la ligne.

1. Hier soir, ma mère a passé toute la soirée à me tricoter un filet de laine.
   _____

2. Cet homme est très salade, car il a mangé des crevettes et il est allergique.
   _____

3. En Équateur, il n'y a pas d'étole pendant les heures trop chaudes de la journée.
   _____

4. Ma meilleure amie adore cueillir des digues dans les figuiers.
   _____

5. Rien de mieux qu'une bonne place au chocolat pour se rafraîchir !
   _____

6. Ta mère m'a présenté sa grande bille de douze ans.
   _____

7. À la fête de l'amour, on offre souvent des poses rouges à l'élu(e) de notre cœur.
   _____

8. Le façon répare la cheminée très minutieusement.
   _____

9. Pendant les journées humides d'été, j'aime bien m'allonger sur le soda.
   _____

10. Quand bébé a mal au ventre, il pleure très fort et des larmes coulent sur ses roues.
    _____

11. Le salon de ma chaussure a été réparé par le cordonnier.
    _____

12. Le verger surveille ses moutons dans les pâturages.
    _____

13. Mes amis et moi jouons souvent à la salle au mur.
    _____

14. Mon anniversaire est au neuvième bois de l'année.
    _____

15. Les boutons donnent de la belle laine douce.
    _____

16. Ce garçon court beaucoup plus mite que son frère.
    _____

17. Je range tous mes trésors dans une grosse balle de bois.
    _____

18. L'hiver, je déguste très souvent une bonne coupe aux légumes.
    _____

La vie en rose

Trouve au moins cinq bonnes raisons pour expliquer :

1 ... l'absence de ton enseignante aujourd'hui.

_____

_____

_____

_____

2 ... une jambe dans le plâtre.

_____

_____

_____

_____

3 ... un arbre qui est tombé.

_____

_____

_____

_____

4 ... l'interdiction de fumer dans les endroits publics.

_____

_____

_____

_____

5 ... un oiseau mort sur le chemin.

_____

_____

_____

_____

Sous le soleil de Mexico!

Rien de mieux que de relaxer sous un sombrero en faisant du « Croque-Mots ».
Cherche dans ta tête ou dans le dictionnaire des noms commençant
par les lettres suivantes. Tu peux en trouver plus qu'un si tu veux.

	Personnes	Lieux	Aliments	Animaux	Objets
A					
P					
R					
S					
T					
G					

94

Une poupée russe

1 Encercle le mot qui double la consonne finale avant de prendre le *e* au féminin. Écris-le au féminin.

a) champion ou voisin ? _____

b) délicat ou muet ? _____

c) mécanicien ou cousin ? _____

d) intelligent ou ancien ? _____

e) mignon ou gris ? _____

f) beau ou coquet ? _____

g) cadet ou prudent ? _____

h) bon ou droit ? _____

95

2 Écris au féminin les mots entre parenthèses.

Ma mère (Daniel) _____ m'a rapporté une poupée

(exceptionnel) _____ de Russie. Elle porte une (mignon)

_____ robe (bleu) _____, un chapeau garni de fleurs

(naturel) _____ et de (gros) _____ lunettes. Elle a l'air

très (gentil) _____ avec son large sourire. Cette poupée est

également accompagnée d'une (petit) _____ (chien)

_____ noir et blanc. Elle n'est pas (pareil) _____ à

toutes les poupées que je collectionne. Elle est (spécial) _____

car c'est ma mère qui me l'a offerte. Ma (coquet) _____

Élisabeth est peut-être (muet) _____, mais si elle pouvait parler,

je connaîtrais sûrement toutes ses pensées (secret) _____.

La fête des homophones

1. L'halloween est une fête dont tous les enfants raffolent. Lis le texte suivant et choisis le bon homophone (*a* ou *à*) en l'encerclant.

a) (A , À) l'automne, on fête l'halloween. C'est une tradition qui remonte (à , a) plusieurs siècles. Cette fête marque la fin de l'été et des récoltes.

b) Arvida, un très vieux monsieur, (à , a) souvent eu très peur, autrefois, ces jours-là. Pendant plusieurs années, il (à , a) protégé ses récoltes et son troupeau.

c) Juste (à , a) penser qu'un démon pouvait venir lui causer des ennuis, il attendait toute la soirée la canne (à , a) la main, prêt (à , a) se défendre.

d) Maintenant, cette journée représente plutôt un divertissement. C'est un soir où l'on (à , a) parfois d'étranges surprises. Certaines personnes s'amusent (à , a) jouer des tours (à , a) leurs amis.

e) Les enfants font la fête et se déguisent pour faire la cueillette de friandises. Plusieurs familles taillent et décorent des citrouilles qu'ils déposent (à , a) la fenêtre ou (à , a) la porte toute la soirée.

f) C'est une soirée où l'on (à , a) souvent de drôles d'histoires (à , a) se raconter.

2. Écris le bon homophone (*a* ou *à*) dans les phrases suivantes.

Il y _____ plusieurs sportifs _____ l'école. Il y en _____ qui

nagent _____ la piscine. D'autres font des exercices au

gymnase. Christine _____ reçu la médaille d'or de

karaté _____ l'école Tournesol. Patrice _____ été nommé

le meilleur danseur. Chaque famille _____ fêté son

champion _____ sa façon. Louise _____ participé _____

une compétition. Je suis arrivée _____ la bonne heure

_____ l'école. Nous sommes quatre personnes _____ la

maison. Le dentiste _____ réparé ma dent gâtée.

Un pays à découvrir !

Choisis le bon mot pour compléter les phrases suivantes dans le texte.

gens	nourriture	pizzas	langue
chic	puces	langue	art
cuir	restaurants	pays	aliments
façon	qualité	vite	problème
paysage	café	habitants	villes
			succulentes

L'Italie est un _____ à découvrir. Les _____ y sont

sympathiques, le _____ est magnifique et la _____ y est si

délicieuse. On y mange des mets italiens apprêtés à la _____ du pays.

Des pâtes _____, des _____ ragoûtantes, et on y boit du

_____ fort, pour vous garder éveillé le plus longtemps possible.

Certaines _____ d'Italie sont à visiter et d'autres, un peu moins. Selon

moi, Florence a un _____ fou ! L'architecture nous fait découvrir un

_____ que l'on ne retrouve pas chez nous. Les marchés aux

_____ y sont nombreux. Le _____ italien est vendu à bon

marché ou à meilleur prix qu'ici, et il est de très bonne _____. Les

_____ y sont très luxueux et on y vend des _____ de bon

goût et délicieux. La seule chose qui est plus compliquée dans ce pays, c'est la

_____. On ne la comprend pas car les gens parlent très

_____. Celle-ci est aussi difficile à prononcer. Cependant, la plupart

des _____ de ce pays comprennent l'anglais, donc plus de

_____. Alors, un bon jour, partez à l'aventure et découvrez l'Italie !

97

Un voyage sans accident

Croque-Mots adore voyager avec ses parents, mais parfois le temps est long en voiture. Il s'amuse donc à trouver des animaux qui pourraient porter les prénoms proposés dans cette page. Le nom de l'animal doit se terminer de la même façon.

Ex. : Torpille la chenille, le gorille, etc.

1. Polisson : _____

2. Râteau : _____

3. Fouinard : _____

4. Dentelle : _____

5. Malin : _____

6. Courgette : _____

7. Banal : _____

8. Fou : _____

9. Fluor : _____

10. Tuba : _____

11. Mot : _____

12. Gavotte : _____

13. Fourmi : _____

14. Amer : _____

15. Granule : _____

16. Bougie : _____

17. Radar : _____

18. Cadran : _____

19. Habile : _____

20. Tannant : _____

Le corps humain: toute une machine!

Un poids, deux mesures

1. Croque-Mots a de la difficulté avec le pluriel de certains mots. Aide-le en mettant ces phrases au pluriel.

1. Le hibou se tient sur la plus haute branche de cet arbre.

   _____

2. Un vitrail est tombé et s'est cassé dans l'église.

   _____

3. Mon amie participera à un festival bien spécial.

   _____

4. Jaloux, il était à un cheveu de ne pas aller au bal.

   _____

5. Le médecin de l'hôpital a examiné mon genou.

   _____

6. Le feu jaillira derrière le drapeau rayé bleu.

   _____

7. Égal à lui-même, il lança le caillou au-delà du portail.

   _____

8. Le clou a fait un trou dans mon pneu dégonflé.

   _____

9. Le mal qu'il éprouve au cou lui fait perdre la voix.

   _____

10. Il remplaçait son vieux chapeau par son beau chandail.

    _____

2. Compose des phrases avec les verbes suivants et conjugue-les aux temps demandés.

a) Vivre (ind. passé simple, 1re pers. sing.) _____

b) Croître (participe passé) _____

c) Entendre (ind. présent, 1re pers. plur.) _____

d) Rire (impér. présent, 2e pers. plur.) _____

e) Découvrir (cond. présent, 1re pers. sing.) _____

f) Marcher (ind. futur simple, 2e pers. sing.) _____

g) Étendre (infinitif présent) _____

h) Tordre (participe présent) _____

i) Finir (ind. passé composé, 3e pers. plur.) _____

j) Espérer (impér. présent, 2e pers. sing.) _____

k) Perdre (ind. présent, 1re pers. plur.) _____

l) Espionner (subj. présent, 3e pers. sing.) _____

m) Dissoudre (infinitif présent) _____

Des vitamines qui revigorent !

La mère de Croque-Mots prend des vitamines et en donne
à toute sa petite famille, surtout l'hiver. Parmi les phrases « vitaminées » suivantes,
lesquelles sont exclamatives (!), interrogatives (?) ou déclaratives (.) ?
Indique ta réponse en mettant la ponctuation appropriée.

a) Est-ce que tu prends des vitamines ☐

b) Les vitamines te donnent un peu de soleil durant les froides journées d'hiver ☐

c) J'adore être en bonne santé ☐

d) Penses-tu que les vitamines sont importantes ☐

e) Youpi ☐ Le médecin m'a dit : Bravo ☐

f) Il est préférable de consommer des vitamines

   qui ne contiennent pas de sucre ☐

g) Croquez-vous vos vitamines le matin ☐

h) Ma mère en prend tous les matins ☐

i) Mon père avale-t-il les siennes avec de l'eau ☐

j) Les enfants ne doivent pas prendre plus d'une vitamine par jour ☐

k) Les vitamines contiennent beaucoup d'éléments importants pour la santé ☐

l) Vive les vitamines ☐

Du bout des doigts...

1 Croque-Mots s'amuse à écrire des syllabes sur le bout de ses doigts. Tu dois trouver le plus de mots formés de deux syllabes ou plus.

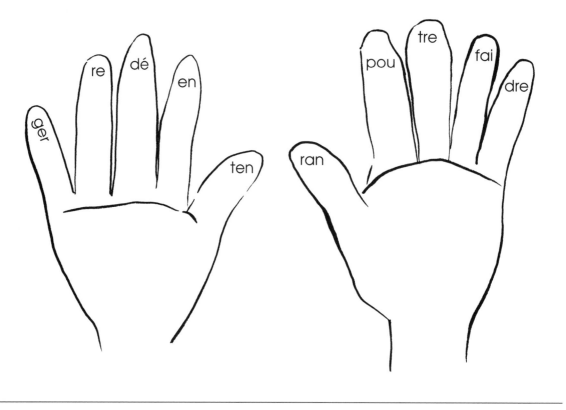

102

_____

_____

_____

_____

2 Tente de rebâtir chaque mot qui représente une partie de la main.

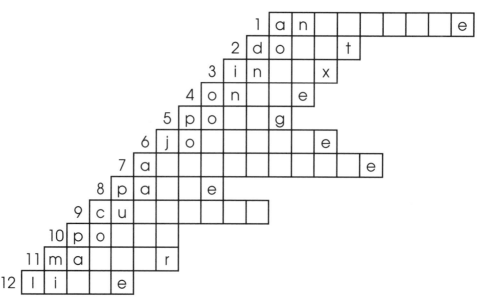

Au travail, les globules !

Amuse-toi à faire les petits jeux suivants.

1 Écris la lettre qui manque dans chacun des globules suivants.

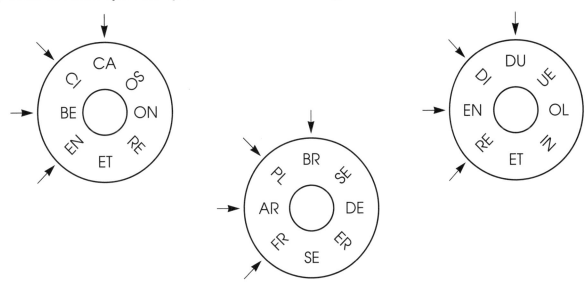

2 Complète chaque globule en remplaçant les points par des lettres et tu découvriras des parties de ton corps.

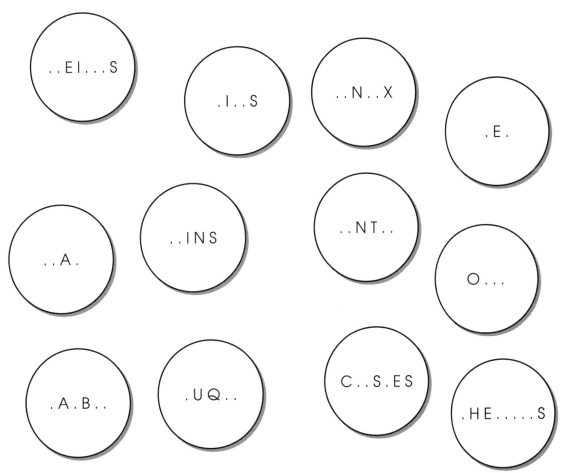

Disloquée... au supermarché !

Croque-Mots te raconte une aventure qui est arrivée à sa cousine Julia lorsqu'elle avait trois ans.

Disloquée... au supermarché !

Par un chaud après-midi d'été, ma cousine Julia accompagnait sa mère au supermarché. Julia, comme d'habitude, insistait auprès de sa mère pour qu'elle achète des bonbons et un tas d'autres choses qui mettent les adultes « sur les nerfs ». Julia, fatiguée de tous ses stratagèmes qui n'avaient pour résultat que les cris de désespoir de sa mère, s'est assise sur le linoléum du supermarché. Les articles payés, Tante Gigi, la mère de Julia, a attrapé ses paquets et s'est mise à la recherche de sa fille. Affalée sur le parquet, Julia ne semblait pas pressée du tout. Sa mère l'appelait, mais elle ne bougeait pas. En colère, les mains pleines, Tante Gigi s'est libéré une main et a saisi Julia par le poignet. En tirant un peu, elle la suppliait de se lever. Julia n'avait pas l'intention de partir, mais elle a feint de se lever. C'est alors que sa mère, croyant vraiment que Julia allait se lever, a tiré encore plus fermement sur le bras de sa fillette, et Julia a décidé brusquement de se rasseoir. Que s'est-il passé, crois-tu ? Eh oui ! Julia s'est mise à pleurer et à chialer tellement fort que sa mère ne comprenait plus rien. Julia a finalement fait comprendre à sa maman qu'elle avait très mal au bras. Mais sa mère ne voyait rien de différent. Elles ont pris place à l'intérieur de la voiture et Julia n'a pas cessé de se lamenter. Elle hurlait sa douleur. Tante Gigi a décidé de se rendre illico à l'urgence, où l'on a diagnostiqué une luxation du coude. En un vigoureux « clouk », les os de Julia ont repris leur place tandis que sa mère détournait les yeux. Rassurée mais se sentant très coupable de son geste, Tante Gigi a ramené sa fille chez elle. Elle se souviendra longtemps de son expérience au supermarché... et Julia aussi !

104

Disloquée... au supermarché
(suite)

Réponds aux questions concernant le texte précédent.

1. Quel est le sujet de ce texte, de quoi parle-t-on ?

_____

_____

2. Quels sont les personnages principaux de ce texte ?

_____

_____

3. Combien y a-t-il d'adjectifs qualificatifs dans ce texte ? _____

Cherche un de ces adjectifs dans le dictionnaire et écris sa définition.

	_____
	_____
	_____

4. Trouve les verbes à l'infinitif dans ce texte et écris-les.

_____

_____

5. Trouve les adverbes dans ce texte et écris-les.

_____

_____

6. Trouve cinq noms communs masculins.   Cinq noms communs féminins.

_____   _____

_____   _____

_____   _____

_____   _____

_____   _____

7. Quel est le mot dans le texte qui signifie « immédiatement » ?

_____

8. Trouve un mot de même famille que « diagnostic ». _____

J'ai la tête qui tourne !

Suis Croque-Mots lors de sa folle randonnée et amuse-toi à repérer des adjectifs qualificatifs dont tu ne connais pas la signification. Reporte-les au bas de la page et écris leurs définitions.

Une folle randonnée

Haletant sur un chemin cahoteux, Croque-Mots file à une vitesse démesurée. Lui et ses amis font une course en bicyclette sous le soleil torride d'un bel après-midi. Rapidement, la compétition s'installe. Croque-Mots semble le plus rapide mais ses adversaires sont coriaces. Voilà qu'ils bravent une pente escarpée avant de disparaître dans une forêt clairsemée. L'odeur des pneus calcinés monte à leurs narines. Leur balade effrénée longe le feuillage dense des arbres. Enfin, on peut apercevoir la ligne d'arrivée. Leurs jambes frêles pédalent avec énergie. Qui sera le premier ?

1 - _____ _____

2 - _____ _____

3 - _____ _____

4 - _____ _____

5 - _____ _____

6 - _____ _____

7 - _____ _____

8 - _____ _____

9 - _____ _____

10 - _____ _____

106

Une mémoire d'éléphant

Croque-Mots te propose un petit jeu de mémoire. À chaque numéro,
lis les mots, souviens-t'en et ferme les yeux ou cache les mots avec ta main.
Redis-les dans l'ordre. As-tu une bonne mémoire?

1 artiste – billet – chef – défaut – endroit

2 français – intérieur – scène
– transformer

3 veille – soudain – autrefois – besoin
– grandeur

4 connaissance – électrique – kilomètre
– magnifique – opération

5 vague – terrible – repos – qualité – palais – naturel

6 adresse – entrée – compagnie – humeur – femelle – litre – grave

7 trait – voile – pape – nouvelle – aventure – conseil – époque – dont

8 somme – mâle – liberté – art – camarade – examen – habitude – gare

9 tantôt – ordre – kilogramme – but – direction – lionne – nécessaire
– pointe – travers

10 vide – objet – grandeur – célèbre – étude – île – truc – sortie
– sauvage – moteur

Tout un tas d'os !

Reconstruis les phrases en replaçant les mots dans le bon ordre.

1. la est Le os tibia un de jambe.

   _____

2. cuisse. la fémur un long est os Le de

   _____

3. cubitus plus est os Le gros de le l'avant-bras.

   _____

4. La un plat du triangulaire. est genou os et rotule

   _____

5. sont qui Les colonne vertèbres vertébrale. forment os la les

   _____

6. qui les forment d'un phalanges doigt Les os sont ou squelette d'un orteil. le

   _____

7. les sont la Les mâchoire. de maxillaires os

   _____

8. crâne l'ensemble os la tête. de des c'est Le

   _____

9. un l'épaule. est s'accroche clavicule qui os à La long

   _____

10. L'omoplate plat triangulaire thorax. est un os forme le qui et

    _____

11. côtes colonne avec vertébrale sternum. Les le et la s'articulent

    _____

12. est long L'humérus constituant un squelette os bras. le du

    _____

108

Sauve qui peut !

À l'aide ! Croque-Mots a un devoir à terminer pour demain
et il n'y arrivera pas sans ton aide. Choisis le bon homophone dans la bulle
et place-le dans la phrase qui convient.

1. Couvert de _____, les vêtements de Gustave sont _____ et mouillés.

2. L'éléphant _____ alors que le _____ cacarde.

3. La _____ de Camille a attrapé un _____ de soleil.

4. Les _____ du cerf lui donnent toute sa _____.

5. La lumière des _____ _____ a ébloui.

6. Je _____ l'avoir laissé tout au _____ de la cour.

7. Cela _____ a pris du temps à réparer cette _____.

8. Benjamin _____ où _____ trouve son _____.

9. Le _____ de son bateau est fait de _____ peint.

10. Il le _____ bien : faire un exposé oral le _____.

109

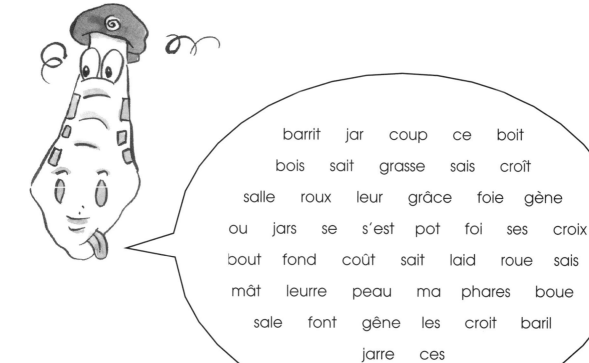

barrit   jar   coup   ce   boit

bois   sait   grasse   sais   croît

salle   roux   leur   grâce   foie   gène

ou   jars   se   s'est   pot   foi   ses   croix

bout   fond   coût   sait   laid   roue   sais

mât   leurre   peau   ma   phares   boue

sale   font   gêne   les   croit   baril

jarre   ces

Les nerfs, le système musculaire !

À l'aide du tableau des muscles du bas et des indices,
replace les noms de muscle et trouve les muscles mystères.

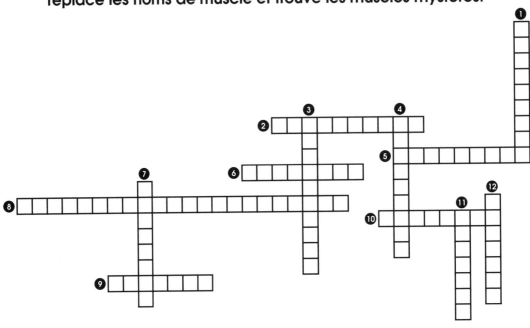

Horizontalement

2 - Muscle antérieur de la cuisse.

3 - Muscle du bras qui se gonfle lorsqu'on fléchit l'avant-bras.

5 - Muscle fléchisseur de la jambe sur la cuisse et de la cuisse sur le bassin.

6 - Muscle triangulaire de l'épaule.

8 - Muscle qui s'insère sur le sternum, la clavicule et l'apophyse.

9 - Muscles du dos.

10 - Muscle masticateur, qui élève la mâchoire inférieure.

Verticalement

1 - Muscle qui produit l'adduction.

3 - Muscles de l'abdomen.

4 - Muscles situés à la partie antérieure et latérale du thorax.

7 - Se dit des trois muscles de la fesse.

11 - Muscle plat qui occupe la partie postérieure et supérieure du tronc.

12 - Muscle qui se divise à une extrémité en trois corps.

MUSCLES MYSTÈRES

Muscles constituant les parois antérieures et latérales de l'abdomen

– abdominaux   – deltoïde   – sterno-cléido-mastoïdien
– triceps   – trapèze   – pectoraux
– quadriceps   – couturier   – adducteur
– dorsaux   – masséter   – fessiers

Que de taches de rousseur !

Observe bien le joli poème que Croque-Mots a composé pour une copine.

Pour toi...

Jessy, c'est ma meilleure amie
Avec elle on s'amuse et on rit
Elle a un magnifique sourire rieur
Et... de si belles taches de rousseur

J'adore faire mes devoirs avec elle
Je la trouve coquine et très belle
Elle m'appelle tous les jours
Je crois bien être en amour...

Je songe toujours à ses grands yeux
Ensemble... on passe des moments merveilleux !

Ton Croque-Mots xx

À toi, poète en herbe, pense à un ami ou à une amie qui t'inspire et compose-lui un petit poème coquin.

111

Un litre de bon sang, S.V.P.!

Trouve les réponses des rébus que Croque-Mots te présente.

1

_____
_____

2

_____
_____

3

_____
_____

4

_____
_____

5

_____
_____

6

_____
_____

7

_____
_____

8

_____
_____

112

Une rate qui se dilate !

Détends-toi en lisant les quelques blagues que Croque-Mots a dénichées pour toi.

Les dents

Julien va voir son dentiste. Celui-ci examine longuement les dents de son client et demande :
– Vous n'avez pas suivi strictement mon traitement.
– Mon Dieu, j'avoue que…
– Eh bien ! Si vous continuez, vous allez les perdre toutes.
– Vraiment ?
– Vraiment, et après, vous vous mordrez les doigts.

Conversation au lac de Tibériade

– Comment, vous osez me demander 100 $ pour me faire traverser le lac ?
– Oui, mais n'oubliez pas que Jésus a marché sur ces eaux.
– Pas étonnant, quand il a vu vos prix, il a préféré se débrouiller tout seul !

Chez le barbier

Le barbier : Est-ce que je ne vous ai pas déjà rasé ?
Le client : Non, j'ai eu cette cicatrice à la guerre.

Histoire familiale

Le père : Pourquoi t'es-tu couchée si tard hier soir ?
La fille : Mais, papa, Marc ne faisait que me dire tout ce qu'il avait dans le cœur.
Le père : La prochaine fois, demande-lui de te dire ce qu'il a dans la tête, ça prendra beaucoup moins de temps…

Dans un bar

Un barman tend un double whisky à un client, qui, se bouchant le nez d'une main, ingurgite le verre d'une seule gorgée.
– Est-ce si mauvais ? demande le barman.
– Pas du tout, répond le client. Mais si je le sens, l'eau me vient à la bouche et ça dilue mon whisky.

Tristesse

Karl a des idées noires ce soir. Il demande à sa femme :
– Dis-moi, si je mourais, aurais-tu beaucoup de chagrin ?
– Tu sais bien que je pleure pour un rien.

Des vacances !

Deux amis skieurs jasent ensemble.
– Où as-tu passé tes vacances ? demande le premier.
– Les premiers jours, dans les Laurentides, lui répond l'autre.
– Et les autres jours ?
– Dans le plâtre.

113

À bout de souffle!

1. Trouve l'adjectif qui exprime le contraire de chacun des adjectifs suivants.

a) compréhensible _____

b) court _____

c) discipliné _____

d) possible _____

e) plaisant _____

f) rapide _____

g) visible _____

h) actif _____

i) courageux _____

j) prudent _____

k) agréable _____

l) léger _____

m) premier _____

n) obéissant _____

2. Forme le plus de mots possible à l'aide des préfixes suivants : *dé - in - im - re - sur - mal*.

_____ _____ _____

_____ _____ _____

_____ _____ _____

_____ _____ _____

_____ _____ _____

_____ _____ _____

_____ _____ _____

_____ _____ _____

114

Un chat dans la gorge !

Croque-Mots a mal à la gorge aujourd'hui. Il a plein de questions en tête, mais il ne peut pas parler. Choisis un mot interrogatif pour compléter chacune des questions. Tu peux utiliser deux fois le même mot, mais essaie-les tous.

1. _____ a un chat dans la gorge ?

2. _____ l'araignée a-t-elle de pattes ?

3. _____ ma mère ferme-t-elle la fenêtre ?

4. _____ vais-je écrire ma lettre ?

5. _____ est malade aujourd'hui ?

6. _____ mon frère a-t-il caché mon oreiller ?

7. _____ je peux manger de la soupe ?

8. _____ est le nom de ce gros toutou ?

9. _____ vais-je pouvoir me lever de ce lit ?

10. _____ ai-je d'argent dans ma tirelire ?

> Quand
> Comment   À qui
> Combien   Qui
> Où   Qu'est-ce qui
> Quel   Est-ce que

2. Réponds aux questions suivantes.

a) Pourquoi es-tu dans cette classe cette année ?

_____

b) Avec qui t'amuses-tu le plus ?

_____

c) Combien de fois es-tu déjà allé en voyage ?

_____

d) Quand vas-tu avoir tes prochaines vacances ?

_____

e) À qui offriras-tu un cadeau prochainement ?

_____

f) Comment te comportes-tu en classe ?

_____

g) Quel est ton animal préféré et pourquoi ?

_____

h) Où te caches-tu quand tu as de la peine ?

_____

i) Est-ce que tu fais beaucoup de sorties en famille ?

_____

115

La sueur fait mon bonheur !

Croque-Mots te lance un défi. Il te demande de trouver le plus de mots
se terminant par le son *eur*. Place-les en ordre alphabétique.
Hé ! Croque-Mots en a trouvé 50, lui ! En trouveras-tu plus que lui ?

1 - _____

2 - _____

3 - _____

4 - _____

5 - _____

6 - _____

7 - _____

8 - _____

9 - _____

10 - _____

11 - _____

12 - _____

13 - _____

14 - _____

15 - _____

16 - _____

17 - _____

18 - _____

19 - _____

20 - _____

21 - _____

22 - _____

23 - _____

24 - _____

25 - _____

26 - _____

27 - _____

28 - _____

29 - _____

30 - _____

31 - _____

32 - _____

33 - _____

34 - _____

35 - _____

36 - _____

37 - _____

38 - _____

39 - _____

40 - _____

41 - _____

42 - _____

43 - _____

44 - _____

45 - _____

46 - _____

47 - _____

48 - _____

49 - _____

50 - _____

51 - _____

52 - _____

53 - _____

54 - _____

55 - _____

56 - _____

57 - _____

58 - _____

59 - _____

60 - _____

116

Ça se bat
dans mes cheveux !

Croque-Mots te propose trois mots et une définition.
Faix un **X** sur le mot que la définition ne représente pas.

1 - N. f. Objet de peu de valeur et de peu d'utilité

- bagnole
- bagatelle
- babiole

2 - N. m. Action d'abandonner gratuitement à quelqu'un la propriété ou la jouissance de quelque chose.

- don
- obéissance
- sacrifice

3 - Adj. Qui est cruel par instinct.

- sauvage
- féroce
- paresseux

4 - Verbe. Distendre en remplissant d'air, de gaz.

- souffler
- gazer
- gonfler

117

5 - N. m. Personne extravagante, qui parle et agit d'une manière bizarre, inconsidérée.

- écervelé
- hurluberlu
- psychologue

6 - N. f. Ouvrage mal fait ; marchandise de mauvaise qualité.

- toc
- camelote
- chose

7 - N. f. Facilité à excuser, à pardonner.

- condamnation
- clémence
- indulgence

8 - Adj. Qui a des poils très apparents.

- passif
- velu
- hirsute

9 - Adj. Qui parle avec abondance.

- bavard
- absent
- volubile

10 - Adj. Qui concerne la vie à la campagne

- rural
- urbain
- agricole

Un tic pas trop nerveux...

Pour se calmer un peu, Croque-Mots adore chercher et trouver des objets dans les livres. Essaie de retrouver ceux du bas de la page.

118

Peux-tu retrouver...

– un crayon	– un cheval	– une banane
– un chat	– des lunettes	– une clé
– une tulipe	– une valise	– un rouleau de papier hygiénique
– un verre	– un piment	– une montre
– une pizza	– une enveloppe	– une salière

Des maux qui en disent gros !

Trouve dans ton dictionnaire le plus de mots dans chaque catégorie.

3 lettres

4 lettres

5 lettres

6 lettres

7 lettres

8 lettres

9 lettres

119

T'as un truc sur ta nuque !

Trouve les réponses à ces petites charades.

1. Mon premier est un petit cube utile aux jeux.
   Mon deuxième est la peur au moment de paraître en public.
   Mon troisième est un terre-plein au bord de l'eau.
   Mon tout dérange le fonctionnement d'un mécanisme.

   Réponse : _____

2. Mon premier n'est pas rapide.
   Mon deuxième n'a pas d'éclat.
   Mon tout sert à s'éclairer.

   Réponse : _____

3. Mon premier représente ceux qui sont au nombre de deux.
   Mon deuxième est ce que l'on perçoit par l'ouïe.
   Mon troisième est le verbe « nager », ind. prés., 1re pers. sing.
   Mon tout est une personne imaginaire que l'on trouve dans les récits.

   Réponse : _____

4. Mon premier coule dans les veines.
   Mon deuxième est une plaque de pierre.
   Mon tout est une sorte de chaussures.

   Réponse : _____

5. Mon premier est le verbe « tourner », ind. prés., 1re pers. sing.
   Mon deuxième est la cinquième note de musique.
   Mon tout est une plante aux graines délectables.

   Réponse : _____

6. Mon premier est une petite étendue d'eau.
   Mon deuxième est un morceau de neige compacte.
   Mon tout est un petit animal connu pour son sommeil.

   Réponse : _____

7. Mon premier est la première lettre de l'alphabet.
   Mon deuxième recouvre le dos des moutons.
   Mon tout est la respiration, le souffle.

   Réponse : _____

8. Mon premier est une partie du visage.
   Mon deuxième est une partie d'un tout divisé en trois.
   Mon tout est la limite qui sépare deux États.

   Réponse : _____

120

As-tu la science infuse?

Une exposition vraiment internationale

Complète ce texte à l'aide des mots qui sont au bas de cette feuille.

Placée sous le thème universel «Les océans, un patrimoine pour l'avenir»,

l'Exposition universelle 1998 de (   ) au Portugal offre aux

(   ) venus du monde entier des (   ) très intéressants

à découvrir.

Cent quarante-sept pavillons internationaux, de nombreuses (   )

internationales ont répondu favorablement à l'invitation du (   ),

soit autant de pavillons qui exploreront le (   ) de la mer.

Expo 98, c'est aussi une grande (   ) populaire, une animation

(   ) à l'intérieur des pavillons comme en plein (   ).

Dans les (   ), comédiens, musiciens et (   ) se

mêleront au public pour créer la surprise, susciter les rires et faire naître la

(   ). À la tombée de la (   ), un grand

(   ) son et (   ) utilisera le Tage en

(   ) de fond pour évoquer les festivités auxquelles Lisbonne a

assisté tout au long de son (   ) : les départs et les

(   ) des vaisseaux, les hommages de la mer.

Lisbonne   organisations   visiteurs
acrobates   rues   fête
toile   pavillons   retours
Portugal   histoire   air
thème   lumière   magie
nuit   permanente   spectacle

Une technologie de pointe

1. **Les amis de Croque-Mots ont composé un nouveau code pour s'écrire des messages personnels. Pour comprendre ce code, tu dois écrire la deuxième lettre de l'alphabet suivant celle qui t'est donnée.**

Exemple : On te donne la lettre c. C devient e.
On te donne la lettre f. F devient h.

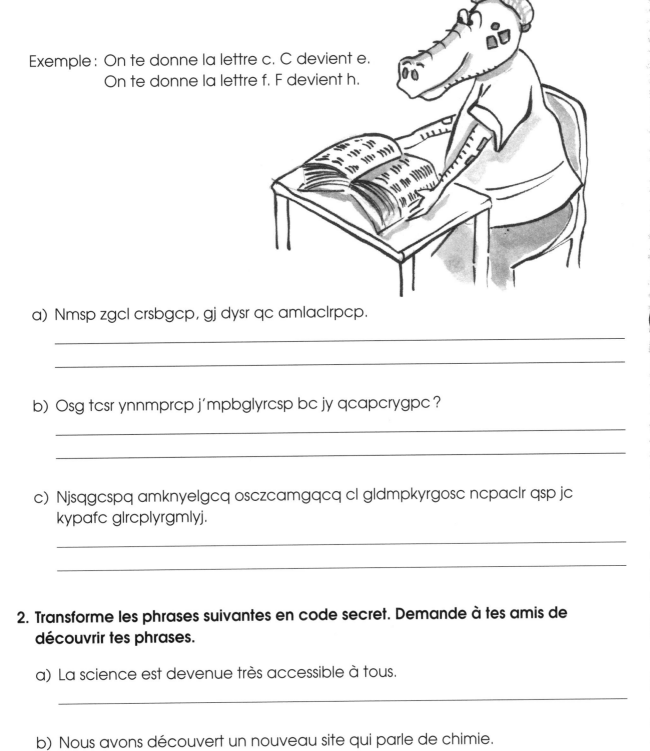

a) Nmsp zgcl crsbgcp, gj dysr qc amlaclrpcp.

_____

_____

b) Osg tcsr ynnmprcp j'mpbglyrcsp bc jy qcapcrygpc ?

_____

_____

c) Njsqgcspq amknyelgcq osczcamgqcq cl gldmpkyrgosc ncpaclr qsp jc kypafc glrcplyrgmlyj.

_____

_____

2. **Transforme les phrases suivantes en code secret. Demande à tes amis de découvrir tes phrases.**

a) La science est devenue très accessible à tous.

_____

b) Nous avons découvert un nouveau site qui parle de chimie.

_____

Une formule explosive

1 Parmi les séries de mots qui te sont proposés, un mot ne correspond pas à la même famille. Trouve-le et encercle-le.

raie
requin
rimmel
roussette

aiflefin
aiguillat
aigrette

barbue
barracuda
baudroie
bavolet

pacha
perche
plie

maquereau
merlan
muscardin
morue

capelan
carassin
carrelet
chapka

thon
torgnole
truite
turbot
torpille

limande
labre
loupe
lotte

sardine
saumon
soude
sole

124

2 Parmi les mots de l'exercice n° 1, trouve la définition de ceux que tu as encerclés et écris-la au bas de cette feuille.

Le sarrau du professeur

1. **Trouve le début des mots suivants. Chaque série de mots commence de la même façon.**

<table>
<tr><td>□</td><td>placement
plaire
ployer
polluer</td><td>□</td><td>llaire
taine
tal</td><td>□</td><td>ditaire
do
derie
cement
tateur</td></tr>
<tr><td>□</td><td>cours
crétion
grâce</td><td>□</td><td>cile
tal
mine</td><td>□</td><td>ténuse
thèque
crite</td></tr>
<tr><td>□</td><td>balles
brise
chocs</td><td>□</td><td>site
sol
scolaire</td><td>□</td><td>tre
voir
pée</td><td>□</td><td>cit
clamer
cif</td></tr>
<tr><td>□</td><td>tégie
tosphère
tus</td><td>□</td><td>cre
cette
çon</td><td>□</td><td>nus
nal
lière</td></tr>
</table>

125

2. **À ton tour de trouver des mots qui commencent de la même façon.**

□ _____   □ _____
    _____   _____
    _____   _____

□ _____   □ _____
    _____   _____
    _____   _____

Au-delà du subjonctif

1. Conjugue les verbes au présent du subjonctif et encercle la terminaison.

	donner	dormir	pleurer	prendre	dire
que je					
que tu					
qu'il, qu'elle					
que nous					
que vous					
qu'ils, qu'elles					

2. Conjugue les verbes *être* et *avoir* au subjonctif présent.

	avoir
que j'	
que tu	
qu'il, elle	
que nous	
que vous	
qu'ils, elles	

	être
que je	
que tu	
qu'il, elle	
que nous	
que vous	
qu'ils, elles	

Pour t'aider à conjuguer les verbes au subjonctif, ajoute « il faut » au début de ta phrase. Cela t'aidera à mieux comprendre.

Ex. : « Il faut » que je donne…

3. Complète les phrases suivantes.

a) J'aimerais que tu _____

_____

b) Mes copains souhaitent que nous _____

_____

c) Il faut que vous _____

_____

d) Elles souhaiteraient que je _____

_____

e) J'aime lorsque tu _____

_____

Une science pure

Croque-Mots tente de comprendre ce qui est écrit dans le livre de chimie de son cousin. Du vrai chinois! Toi, peux-tu déchiffrer le message codé que Croque-Mots t'envoie?

17-22/13-22/8-6-18-8/11-22-6-7 - 22-7-9-22/11-26-8/

__ __   __ __   __ __ __ __   __ __ __ __ - __ __ __ __   __ __ __

6-13/20-9-26-13-23/8-24-18-22-13-7-18-21-18-10-6-22/,

__ __   __ __ __ __ __   __ __ __ __ __ __ __ __ __ __ __,

14-26-18-8/17-22/11-22-6-3/7-22/23-18-9-22/10-6-22/

__ __ __   __ __   __ __ __   __ __   __ __ __ __   __ __ __

15-26/24-19-18-14-18-22/22-8-7/6-13-22/8-24-18-22-13-24-22/

__ __   __ __ __ __ __ __   __ __ __   __ __ __   __ __ __ __ __ __

10-6-18/22-7-6-23-18-22/15-26/24-12-13-8-7-18-7-6-7-18-12-13/

__ __ __   __ __ __ __ __ __   __ __   __ __ __ __ __ __ __ __ __ __ __ __

26-7-12-14-18-10-6-22/22-7/14-12-15-22-24-6-15-26-18-9-22/

__ __ __ __ __ __ __ __ __   __ __   __ __ __ __ __ __ __ __ __ __

23-22-8/24-12-9-11-8/, 26-18-13-8-18/10-6-22/

__ __ __   __ __ __ __ __, __ __ __ __ __   __ __ __

15-22-6-9-8/18-13-7-22-9-26-24-7-18-12-13-8/.

__ __ __ __ __   __ __ __ __ __ __ __ __ __ __ __ __.

5-12-18-15-26

__ __ __ __ __

24' 22-8-7/24-26/10-6-18/22-8-7/

__' __ __ __   __ __   __ __ __   __ __ __

22-24-9-18-7/23-26-13-8/15-22/15-18-5-9-22/23-22/

__ __ __ __ __   __ __ __ __   __ __   __ __ __ __ __   __ __

14-12-13/24-12-6-8-18-13

__ __ __   __ __ __ __ __ __

... 12-6-11-8!

... __ __ __ __!

... 10-6-22-15/

... __ __ __ __

24-19-26-9-26-25-18-26!

__ __ __ __ __ __ __ __!

A	B	C	D	E	F	G	H	I	J	K	L	M	N	O	P	Q	R	S	T	U	V	W	X	Y	Z
26	25	24	23	22	21	20	19	18	17	16	15	14	13	12	11	10	9	8	7	6	5	4	3	2	1

127

Une expérimentation réussie

**En utilisant un dictionnaire ou tes propres connaissances,
continue les proverbes qui suivent et écris leur signification.**

1. L'appétit vient… _____
   Signification : _____

2. N'éveillez pas… _____
   Signification : _____

3. A beau mentir qui… _____
   Signification : _____

4. Vouloir… _____
   Signification : _____

5. Plus on est de… _____
   Signification : _____

6. À chaque jour… _____
   Signification : _____

7. Loin des yeux… _____
   Signification : _____

8. Mettre la charrue devant… _____
   Signification : _____

9. Toute vérité n'est pas… _____
   Signification : _____

10. Œil pour œil… _____
    Signification : _____

11. Les bons comptes font… _____
    Signification : _____

12. Il n'y a pas de fumée sans… _____
    Signification : _____

13. Deux avis valent… _____
    Signification : _____

14. Tel père… _____
    Signification : _____

15. Après la pluie… _____
    Signification : _____

16. Heureux au jeu… _____
    Signification : _____

17. La nuit porte… _____
    Signification : _____

18. Bien faire… _____
    Signification : _____

19. Qui a bu… _____
    Signification : _____

20. Un de perdu… _____
    Signification : _____

L'ère de l'avenir

**Croque-Mots t'a composé une petite chanson sur l'air de
Malbrough s'en va-t-en guerre...**

**Peux-tu, à ton tour, te choisir une chanson et composer des phrases
qui riment sur l'air de la chanson ?**

1 Croque-Mots est le crocodile
Le plus beau, plus gentil, plus habile
Croque-Mots est le crocodile
Avec qui on jubile ! (*Bis* 2 fois)

2 On s'amuse comme des p'tits fous
En français, c'est bien sûr, on apprend beaucoup
On s'amuse comme des p'tits fous ou ou !
Car dans ses livres, il y a de tout ! (*Bis* 2 fois)

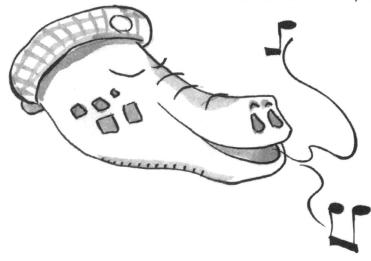

À ton tour !

Sur l'air de : _____

1 _____
_____
_____
_____

2 _____
_____
_____
_____

Le modernisme à l'horizon

1. Les années 2000 nous annoncent le modernisme… Et toi, que feras-tu ?

Plus tard…

a) Plus tard, quand je serai adulte, je serai…

_____

b) Je ferai

_____

c) Je m'amuserai

_____

d) J'irai

_____

e) Je mangerai

_____

f) Je m'achèterai

_____

g) Je marcherai

_____

h) Je conduirai

_____

i) Je regarderai

_____

j) J'appellerai

_____

2. Compose cinq autres phrases.

_____

_____

_____

_____

En route
vers un nouveau monde

En partant de la case indiquée par la flèche, reconstitue la phrase
en te déplaçant d'une case à l'autre, dans toutes les directions,
en passant par toutes les cases, mais une seule fois.

131

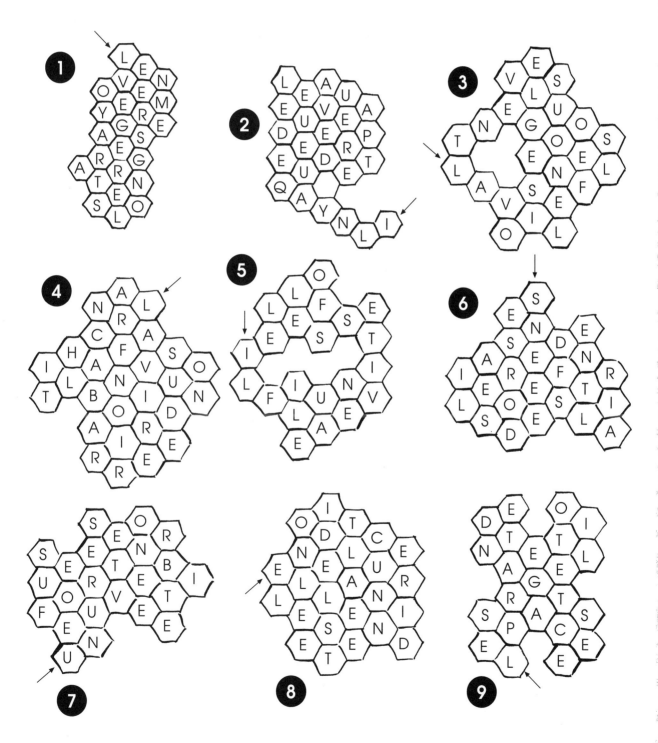

Une ampoule électrisante !

1 Croque-Mots aimerait bien que tu l'aides à compléter les mots en trouvant le début ou la fin de ceux-ci.

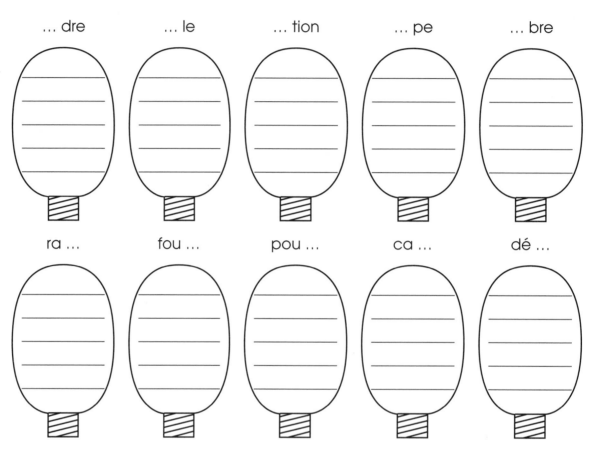

... dre   ... le   ... tion   ... pe   ... bre

ra ...   fou ...   pou ...   ca ...   dé ...

2 Accorde, s'il y a lieu, les nombres *vingt* et *cent*.

a) quatre-vingt dollars : _____

b) trois cent fleurs : _____

c) six cent personnes : _____

d) cent vingt et un arbres : _____

e) deux cent quatre-vingt-trois élèves : _____

3 Écris en lettres les nombres suivants.

a) Croque-Mots a vu 180 chiens : _____

b) Il y a 200 filles dans le film : _____

c) 220 garçons y sont figurants : _____

d) 183 spectateurs ont participé à la représentation : _____

132

Une recette bouillonnante !

Écris les verbes suivants au futur simple de l'indicatif. Transcris en ordre toutes les lettres écrites dans les étoiles et tu découvriras le repas préféré de Croque-Mots.

Demain je (cuisiner) ☆□□□□□□□□□ un bon repas pour mes

parents. Je me (lever) □□□□☆□□, me (brosser) □□☆□-

□□□□□□ les dents et j'(expliquer) □□□□□☆□□-

□□□ à ma mère qu'elle n'(avoir) □☆□□ pas à faire de souper.

J'(acheter) □□□□□☆□□□ tous les aliments, ainsi je ne

(manquer) ☆□□□□□□□□ de rien. Je (choisir) □□☆□-

□□□□□ de faire une salade bien fraîche comme entrée. Je (trancher)

☆□□□□□□□□□ des tomates, des concombres et de la laitue.

Je (saupoudrer) ☆□□□□□□□□☆□ le tout de sel et de

poivre. Comme repas principal, mon père (adorer) □☆□□□□ le

bœuf bourguignon que je (concocter) □☆□□□□□□☆□□

avec minutie. J'(accompagner) □□□□□□□□☆□□□ le

tout d'un dessert du tonnerre. Je (supplier) □□□□☆□□□□□

ma sœur de ne pas fouiller dans le frigo, car elle adore le forêt-noire. Je (préparer)

☆□□□□□□□□□ et (mijoter) □□□☆□□□□□

tout ça lentement. Le bœuf (cuire) □☆□□□ pendant quatre heures. Je

(travailler) □□□□□□☆□☆□□□ très fort pour faire de ce

repas une réussite. Toute la famille (déguster) □□□□□☆□□□

mon souper avec joie.

133

Réponse : _____

De l'air scientifiquement impur !

Quelle vie de « croco » !

L'été approche à grands pas. Cette semaine, il fait chaud, très chaud ! La cani… canicule, ils ont dit à la télévision. Je suis actuellement à mon bureau, appuyé sur ma patte, et je te fais part de mes songes les plus secrets. Quelle chaleur ! J'ai écouté les nouvelles ce matin. Mmm ! « C'est presque inquiétant », a balbutié le météorologue en parlant du smog. C'est quoi le smog ? me suis-je à ce moment-là demandé, tout comme toi, probablement. C'est un terme anglais qui vient du mot *smoke*, qui veut dire « fumée », et de *fog*, qui veut dire « brouillard ». Le smog, c'est donc un épais brouillard formé de particules de suie et de gouttes d'eau qui apparaît dans les régions humides et industrielles. Ouf ! La pollution, de plus en plus présente, augmente le smog. Il paraît que cet après-midi, il y en aura beaucoup dans l'air. Ma mère m'expliquait que le smog est néfaste aux personnes qui ont des maladies respiratoires. J'espère qu'Anabelle se sentira bien, car elle est asthmatique. Elle se sert de sa pompe au moins deux fois par jour.

Quelle chaleur ! Je ne souhaite que la fin de ce cours pour aller me jeter dans la piscine du voisin. Peut-être qu'en plongeant on fait des trous dans le smog et que cela pourrait l'éliminer un peu ? Ouf ! Je crois que la chaleur me dérange ! Drringg ! Enfin ! À l'eau !

De l'air scientifiquement impur ! *(suite)*

Réponds aux questions concernant le texte de la page précédente.

1 Qu'est-ce que le smog ?

_____

_____

_____

2 Le mot «smog» est formé de deux mots anglais. Quels sont-ils et que signifient-ils ?

a) _____ : _____

b) _____ : _____

3 Complète cette phrase :
Le smog est néfaste aux personnes qui ont…

_____

4 Quelle réaction Croque-Mots a-t-il à la fin du texte ?

_____

5 As-tu déjà constaté la présence de smog l'été ?

_____

6 Peux-tu trouver six adjectifs qualificatifs dans le texte ?

_____   _____   _____

_____   _____   _____

7 Quel adjectif est synonyme de nuisible dans ce texte ? _____

8 Quel est, dans le texte, le mot de même famille que «respiration» ?

_____

9 Que veut dire le mot «asthmatique» ?

_____

10 Trouve un verbe conjugué au passé composé. _____

11 Combien y a-t-il de noms communs au féminin (pluriel et singulier) ? _____

12 Combien y a-t-il de noms communs au masculin (pluriel et singulier) ? _____

135

Une parfaite chimie...

**Croque-Mots a une grande amie. Il l'a connue dans sa classe en 4ᵉ année.
Cela fait un an qu'ils ne se lâchent pas d'une semelle.**

a) Qui est ton ami préféré ? _____

b) Comment l'as-tu connu ?

_____

_____

c) Pourquoi aimes-tu être avec cet ami ?

_____

_____

_____

d) Que faites-vous ensemble ?

_____

_____

e) Quels sont vos bons coups ? _____

_____

    … vos mauvais coups ?

_____

f) Avez-vous souvent des conflits ? _____

_____

g) Que faites-vous pour les régler ? _____

_____

h) C'est quoi, pour toi, un grand ami ?

_____

_____

_____

Des atomes crochus

Encercle les déterminants dans chaque texte.
Écris le numéro et le titre de chaque texte selon leur définition.

_____ ☞ ◯

Un support magnétique d'information ayant la forme d'un disque de petit format et pouvant facilement s'insérer dans un lecteur associé à l'équipement informatique.

_____ ☞ ◯

L'organe périphérique d'un ordinateur servant à éditer sur papier les résultats d'un traitement.

_____ ☞ ◯

L'ensemble des touches d'un terminal informatique.

_____ ☞ ◯

Une machine automatique de traitement de l'information, obéissant à des programmes formés par des suites d'opérations arithmétiques et logiques.

2 L'imprimante

4 Le clavier

1 L'ordinateur

3 La disquette

137

Toute une symbiose !

Trouve le mot qui convient à la définition et écris-le dans le rectangle.
Utilise ton dictionnaire si c'est nécessaire.

1 N. f.   Plante méditerranéenne dont le fruit aromatique sert de condiment.

2 Adj.   Relatif aux tremblements de terre.

3 N. m.   Ouverture donnant de la lumière à un sous-sol.

4 N. m.   Partie la plus élevée d'une construction, d'un arbre, d'une montagne ; sommet.

5 N. m.   Rectangle de tissu pour emmailloter un nourrisson.

6 Adv.   Autrefois, dans le passé.

7 N. f.   Pavillon à toitures étagées de la Chine et du Japon.

8 N. f. pl.   Vêtements usagés et misérables.

9 N. m.   Militaire qui sert dans l'artillerie.

10 N. m.   Source d'eau chaude ou de vapeur jaillissant par intermittence.

11 N. m.   Mâle reproducteur de l'espèce porcine.

12 N. f.   Saucisse fraîche pimentée à base de bœuf.

– pagode

– sismique

– merguez

– coriandre

– geyser

– artilleur

– verrat

– soupirail

– jadis

– faîte

– lange

– hardes

138

Croque-Mots... bionique ?

Wow! Croque-Mots a composé quelques rébus pour toi. Essaie de les résoudre.
Bonne chance!

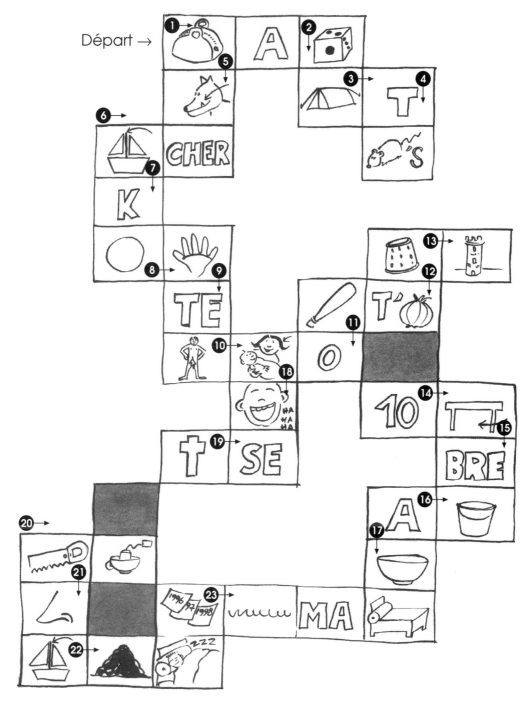

1- _____   7- _____   13- _____   19- _____

2- _____   8- _____   14- _____   20- _____

3- _____   9- _____   15- _____   21- _____

4- _____   10- _____   16- _____   22- _____

5- _____   11- _____   17- _____   23- _____

6- _____   12- _____   18- _____

Une année électrisante ?

Croque-Mots aimerait bien que tu lui racontes l'événement le plus important
ou le plus amusant que tu as vécu à l'école cette année.
Dessine-le dans le rectangle du bas.

Cette année, j'ai...

_____

_____

_____

_____

_____

_____

_____

Le corrigé

Page 10
1. adresse ; 2. gagnante ; 3. aîné ; 4. vedette ;
5. citron ; 6. opaque ; 7. doux ; 8. ruisseau ; 9. boucher ;
10. croasse.

Page 11
1. la, le, le, l', les, la, le, l', les, l', les, le.
2. du, aux, aux, au, des, aux, du, du.
3. a) des, les ; b) des, les ; c) une ; d) ton, une ; e) les.

Page 13
3. révélatrice ; 4. correctrice ; 6. muet ; 9. musulmane ;
12. vieillotte ; 14. secrète ; 16. naturelle ; 17. délicieuse ;
18. naïve ; 21. brève ; 23. créatrice ; 24. consolatrice ;
26. prometteuse ; 27. dévastatrice ; 30. mortelle.

Page 14
trapéziste ; métier ; risques ; matins ; costume ;
partenaire ; confiance ; nombreux ; talc ; escalier ; œil ;
signe ; balançoire ; vertige ; filet.

Page 15
1. 1re définition ; 2. 2e définition ; 3. 2e définition ;
4. 1re définition.

Page 17

Page 18
1. cerceau ; 2. éléphant ; 3. jongleur ; 4. chapiteau ;
5. drapeau ; 6. ballon ; 7. manège ; 8. maquillage ;
9. quille ; 10. tigre ; 11. danseur ; 12. lumière ;
13. estrade ; 14. musicien ; 15. bouffon 16. piste ;
17. tambour ; 18. trapéziste.

Page 19
1. prochain, animaux ; 2. aimerait, expérience,
fasciné, soirée ; 3. clowns, maquillent, loge, centrale ;
4. danseuses, costumes, couturières ; 5. lions,
remarquable ; 6. artistes, restaurant, fête.

Page 21
1. ta ; 2. se ; 3. où ; 4. m'ont ; 5. ce, ce ; 6. l'a, 7. s'est ;
8. on ; 9. à ; 10. mes ; 11. ou ; 12. ces ; 13. a.

Page 22
1. a) Joshua aime-t-il les voitures d'époque ?
   b) Sophie travaille-t-elle dans un bowling ?
   c) Profite-t-il de sa retraite à la maison ?
   d) Gérard donne-t-il des cours de mécanique ?

   e) Adore-t-elle voir des films au cinéma ?
   f) Irons-nous visiter l'Expo au Portugal ?
   g) Donnait-elle des cours de coiffure à Montréal ?
   h) Connaissiez-vous les plus grands secrets du
      bureau ?

Page 25
1. a) des festivals ; b) les carnavals ; c) les journaux ;
   d) les bals ; e) des régals ; f) les orignaux ; g) les
   chacals ; h) des hôpitaux ; i) des chevaux ; j) les
   originaux.

Page 26
1. a) Ouf ! Je suis enfin arrivé.
   b) Qui a peur des manèges ?
   c) Le cirque est rempli de gens.
   d) Halte ! Vous devez avoir votre billet.
   e) Êtes-vous sérieux ?
   f) Que le spectacle commence !
   g) C'est probablement le magicien Choquette.
   h) Attention ! Les lions arrivent !
   i) Est-ce toi la personne qui tient le drapeau ?
   j) Silence ! Les artistes entrent en scène.

Page 28
1. livre ; 2. bulle ; 3. net ; 4. pierre ; 5. sol ; 6. vert ;
7. plume ; 8. dur ; 9. bal ; 10. fête ; 11. téléphone ;
12. pied, 13. vitesse ; 14. couverture ; 15. caractère ;
16. lent ; 17. plomb ; 18. sommet ; 19. table ; 20. bar ;
21. montre ; 22. fauteuil ; 23. chat ; 24. fromage ;
25. arrêt ; 26. aiguille ; 27. courrier ; 28. feu ; 29. noir.

Page 31
1. assombrissaient ; 2. atteindrions ; 3. scrutes ;
4. obscurcissait ; 5. illuminerez ; 6. gravite ;
7. observerai ; 8. pivotes ; 9. heurteraient ;
10. tournoyiez ; 11. examine ; 12. unissiez ; 13. vérifie ;
14. voyageront ; 15. noircis ; 16. filerais ; 17. étoilions ;
18. éclairez ; 19. brillera ; 20. brûlons.

Page 32
2. 3 ; 3. 1 ; 4. 3 ; 5. 2 ; 6. 1 ; 7. 1 ; 8. 2 ; 9. 3 ; 10. 3.

Page 33
m'envoler ; Saturne ; anneaux ; planètes ; volcans ;
éloignée ; lumière ; chaleur ; moindre ; fusée ; froid ;
aventure.

Page 34
1. a) atteignant ; b) brillant ; c) resplendissant ;
   d) ayant ; e) voyageant ; f) courant ; g) connais-
   sant ; h) recevant ; i) étant ; j) scintillant.
2. a) ébloui ; b) éclipsée ; c) constellée ; d) utilisé ;
   e) brûlée, parsemée.
3. a) démarré ; b) apeurée, allée ; c) vu, rapportées ;
   d) joué, cessé ; e) égaré, attiré.

Page 36
depuis ; avec ; à ; avec ; et ; à ; sur ; malgré ; qui ; qui ;
à ; sous ; et.

Page 37
2. 1. bruyant ; 2. douloureux ; 3. clair ; 4. transparent ;
   5. dur ; 6. éteindre ; 7. masculin ; 8. large ;
   9. déséquilibre ; 10. sensible ; 11. imbuvable ;
   12. benjamin.

Page 42
1. a) herbivore ; b) granivore ; c) frugivore ; d)
   carnivore ; e) insectivore.

2. a) extrémité ; b) repartir ou départir ; c) malhabile ;
   d) illégal ; e) antibiotique ; f) envoler ou survoler ;
   g) refaire ou défaire ; h) incomparable ;
   i) prédestiner ; j) malheureux ; k) inconnu ou
   reconnu ; l) irréalisable ; m) suralimentation ;
   n) déformation ou malformation ; o) irresponsable.
3. a) adjectif : aimable, dynamique, incolore,
      souriant, soluble.
   b) moyen de transport : avion, montgolfière, sous-
      marin, train, vélo.
   c) outil : enclume, marteau, pince, scie, tournevis.
   d) verbe : communiquer, effectuer, planter,
      reprendre, rougir.
   e) arbre : bouleau, chêne, peuplier, sapin, saule.
4. peau + laid + re = polaire ; et + clip + ce = éclipse.

Page 43
1. 3e ; 2. 3e ; 3. 1er ; 4. 3e ; 5. 3e ; 6. 1er ; 7. 3e ; 8. 3e ;
9. 3e ; 10. 3e ; 11. 2e ; 12. 3e.

Page 45
1. a) informatif ; b) expressif ; c) incitatif ; d) expressif ;
e) expressif.

Page 47
1. maisons ; 2. noirceur, étoilée ; 3. ? ; 5. strident,
6. parviendront ; 7. équipage ; 8. visiter, intérieur ;
11. est ; 9 fautes.

Page 49
1. a) dessiner ; b) enseigner ; c) courir ; d) couronner ;
   e) crêper ; f) danser ; g) peindre ; h) allumer ;
   i) magasiner ; j) flotter ; k) fusiller ; l) glisser ;
   m) idéaliser ; n) informatiser.
3. a) 1er ; b) 1er ; c) 1er ; d) 2e ; e) 3e ; f) 1er ; g) 3e ;
   h) 1er ; i) 1er ; j) 3e ; k) 3e ; l) 1er.

142

Page 50
1. La pleine lune se voit à chaque mois ; Toute la
   famille était présente à cette soirée ; L'astrologue
   expliquait le phénomène d'une éclipse de Lune ;
   Patrick et moi irons observer cette luminosité ; Tu
   avais dit que tout cela était impossible ; Les
   groupes A et B se disperseront dans cette
   immense forêt ; Si les nuages se présentaient, on
   ne verrait pas la Lune ; Cet homme est très
   mystérieux ; Les observateurs resteront présents
   toute la nuit.

Page 51
1. a) une cadette fluette ; b) une actrice rêveuse ;
   c) une idiote rigolote ; d) une penseuse intelligente ;
   e) une auteure talentueuse ; f) une vieille compa-
   gne ; g) une financière gauchère ; h) une chan-
   teuse amateure ; i) une infirmière distinguée ; j) une
   chauffeuse menteuse.
2. a) Ma vieille amie donne à une infirmière et à une
   enseignante des conseils pour apprendre à nager ;
   b) Mes jolies chiennes s'amusent avec une copine
   américaine ; c) Sa chatte maladroite tombe toujours dans le bocal de peinture ; d) Cette artiste
   expérimentée, cette fille rousse et cette serveuse
   attentionnée se reposent en lisant des journaux
   locaux ; e) L'institutrice minutieuse de cette école
   étudie pour devenir une excellente directrice ;
   f) Qui m'a dit que cette vieille femme courbée
   dansait chaque soir ?

Page 54
1. faux ; 2. faux ; 3. faux ; 4. vrai ; 5. faux ; 6. faux ; 7. faux.

Page 55

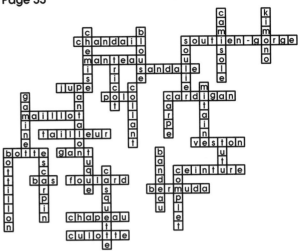

Page 56
six ; vingt et un ; soixante-sept ; cent deux ; trente-
deux ; cinquante-huit ; soixante-douze ; vingt ;
soixante-dix ; quarante-cinq ; douze ; quatre-vingt-six ;
quatre-vingt-dix-huit ; seize ; trente-six ; soixante-deux ;
cent vingt ; trois cent vingt ; dix ; cinquante-six ; deux
cent quarante-quatre ; trois cent soixante ; six cent
trente ; soixante-dix-huit ; quatre-vingt-dix-huit ; deux
cent seize.

Page 59
1. a) allions ; b) traversera ; c) habillaient ; d) chantais ;
   e) conseillons ; f) exposais ; g) donniez ;
   h) animaient ; i) organisait ; j) danse ; k) défilerez.
2. marcherais, marcherais, marcherait, marcherions,
   marcheriez, marcheraient.
   craquerais, craquerais, craquerait, craquerions,
   craqueriez, craqueraient.
   interdirais, interdirais, interdirait, interdirions,
   interdiriez, interdiraient.
   fendrais, fendrais, fendrait, fendrions, fendriez,
   fendraient.
   planterais, planterais, planterait, planterions,
   planteriez, planteraient.
   obéirais, obéirais, obéirait, obéirions, obéiriez,
   obéiraient.
   respirerais, respirerais, respirerait, respirerions,
   respireriez, respireraient.

Page 60
gigantesque ; date ; budget ; petit ; imprimer ; heure ;
prix ; couturiers ; participantes ; mannequins ;
essayage ; parfait ; vêtements ; soirée ; savoir-faire ;
médias ; foule ; saluant ; arrière-scène ; projecteurs ;
démarre ; applaudissements.

Page 61
4. Demander à un mannequin très connu de
   participer au défilé.
5. La date, l'heure, l'endroit, le prix, le nom des
   couturiers et des boutiques.
6. Retoucher les vêtements si nécessaire pour que
   tout soit parfait.

Page 63
1. La mort de Gianni Versace ; 2. Couturier ; 3. Ocean
Drive ; 4. Joggeur matinal ; 5. Floride ; 6. Andrew
Cunanan ; 7. Caméras vidéo ; 8. Madonna et Sylvester
Stallone ; 9. L'ami de Gianni Versace ; 10. Mardi vers
9 heures.

Page 65

1. a) oui; b) oui; c) oui; d) non; e) oui; f) non; g) oui; h) oui; i) oui; j) non; k) non; l) oui.

Page 67

Ma mère m'a amené à un défilé de mode hier soir. L'argent des billets allait dans un fonds pour le cancer. T'aurais dû voir tous ces gens à la mode. Il y avait même des filles et des garçons qui ont défilé sur la scène en maillot de bain sur l'air de «Surf in U.S.A.». Il y avait beaucoup de créations des jeunes couturiers. La musique était superbe et les jeunes, très à la page. Nous avons applaudi magistralement pour la finale.

Page 68

2. a) nez; b) œil; c) toit; d) festivals; e) voie; f) mou; g) bleu.

Page 70

1. a) une; b) une; c) un; d) un ou le; e) une; f) une; g) une; h) une ou la; i) une; j) un; k) un; l) une; m) une; n) un ou le; o) un.
2. a) aimes-tu, coffre-fort; b) a-t-il, cinquante-deux; c) contre-indiqué, cerf-volant; d) Est-ce, réveille-matin; e) mets-la; f) crois-tu, arc-en-ciel; g) pouvons-nous; h) demi-heure; demi-bouteille; i) a-t-il, court-circuit.

Page 72

1. m'est; mets; mais; mets; met.
2. ses; sait; ces; s'est.
3. ont; on; sont; son.
4. peu; peut; peux.

Page 74

1. a) Je n'aime; b) qui ne pensent; c) pouvez-vous; d) ne reste qu'une; e) Il y a; f) avec lui; g) Personne ne veut; h) qu'il ne mangerait.
2. a) qu'; b) pas; c) n'; d) comme; e) nombre de; f) et.

Page 75

1. a) annuler; b) amusant; c) amusant, agréable; d) farce; e) attacher; f) joli; g) partie; h) stationnement; i) patin; j) arrêt; k) dessus; l) culotte courte.
2. a) 12; b) 10; c) 3; d) 8; e) 2; f) 5; g) 6; h) 1; i) 11; j) 4; k) 9; l) 7.

Page 76

1. dentelle; 2. défilé; 3. étoffe; 4. chandail; 5. veston; 6. mannequin; 7. mode; 8. coiffure; 9. rayonne; 10. chapeau; 11. gilet; 12. talon; 13. débardeur; 14. chemise; 15. écharpe; 16. manteau; 17. jupe; 18. cravate; 19. maillot; 20. redingote; 21. pantalon; 22. escarpin; 23. maquillage; 24. ruban.

Page 78

souviens; annonçait; partions; trépignais; profiter; promener; réjouissait; ait été; apprenais; allions; geler; avais; skier; étais; était; faut; déjeunions; devons; étaient; ait; jouions; étais.

Page 79

Thaïlande.

Page 81

itinéraire; escale; safari; escapade; lande; turbulence; vestige; exotique; corrida; importation.

Page 83

1. impératrice; 2. connaître; 3. chamelon; 4. vrai; 5. grognement; 6. choux; 7. faux; 8. merise; 9. vous avez réussi; 10. Idéfix; 11. vrai; 12. peiné; 13. aventurière; 14. croasse; 15. laideur; 16. nez; 17. faux; 18. nous mordrions; 19. faux; 20. mal; 21. Milou; 22. sanglier; 23. pneus; 24. amatrice; 25. ils encourageaient.

Page 84

Attention! S.O.S.!!! Je fais du bateau avec mon grand-père et j'ai complètement oublié ma boîte de biscuits au chocolat... Que vais-je faire? Croque-Mots.

Page 85

2. a) créatrice; b) jumelle; c) brève; d) annonceure; e) meilleure.

Page 87

2. saignement de nez, odeur nauséabonde, bœuf aux légumes, turbulence et vomissements; 5. saugrenue; 6. frayeur; 8. 43 verbes conjugués.

Page 88

1. embarquer; décoller; accoster; voyager; louvoyer; explorer; traduire; dépayser; accoutumer; escalader.
2. b, c et b.

Page 90

1. lion; 2. j'ai eu un canot; 3. tableau; 4. pissenlit; 5. crayon à l'encre; 6. j'ai souvent des cadeaux; 7. pousse-mine; 8. radio; 9. soleil; 10. tombeau; 11. Hervé s'est acheté un Cadillac; 12. j'ai saisis; 13. j'ai cassé un œuf; 14. c'est assez Vincent; 15. très étroit.

Page 91

Salut! Savais-tu que la statue de la Liberté est un monument historique très important à New York?

Page 92

1. gilet; 2. malade; 3. école; 4. figues; 5. glace; 6. fille; 7. roses; 8. maçon; 9. sofa; 10. joues; 11. talon; 12. berger; 13. balle; 14. mois; 15. moutons; 16. vite; 17. malle; 18. soupe.

Page 95

1. a) championne; b) muette; c) mécanicienne; d) ancienne; e) mignonne; f) coquette; g) cadette; h) bonne.
2. Danielle; exceptionnelle; mignonne; bleue; naturelles; grosses; gentille; petite; chienne; pareille; spéciale; coquette; muette; secrètes.

Page 96

1. a) à, à; b) a, a, c) à, à, à; d) a, à, à; e) à, à.
2. a, à, a, à, a, à, a, a, à, a, à, à, à, a.

Page 97

pays; gens; paysage; nourriture; façon; succulentes; pizzas; café; villes; chic; art; puces; cuir; qualité; restaurants; aliments; langue; vite; habitants; problème.

Page 101

a) ?; b) .; c) .; d) ?; e) !, !; f) .; g) ?; h) .; i) ?; j) .; k) .; l) !

Page 102

2. annulaire; doigt; index; ongle; poing; jointure; auriculaire; paume; cuticule; pouce; majeur; ligne.

Page 103

1. D, I et V.

143

2. oreilles ; pieds ; index ; nez ; bras ; mains ; menton ; œil ; jambes ; nuque ; cuisses ; chevilles.

Page 105
1. Julia s'est disloqué une épaule ; 2. tante Gigi et Julia ; 7. illico ; 8. diagnostiqué.

Page 108
1. Le tibia est un os de la jambe ; 2. Le fémur est un os long de la cuisse ; 3. Le cubitus est le plus gros os de l'avant-bras ; 4. La rotule est un os du genou plat et triangulaire ; 5. Les vertèbres sont les os qui forment la colonne vertébrale ; 6. Les phalanges sont les os qui forment le squelette d'un doigt ou d'un orteil ; 7. Les maxillaires sont les os de la mâchoire ; 8. Le crâne c'est l'ensemble des os de la tête ; 9. La clavicule est un os long qui s'accroche à l'épaule ; 10. L'omoplate est un os plat et triangulaire qui forme le thorax ; 11. Les côtes s'articulent avec la colonne vertébrale et le sternum ; 12. L'humérus est un os long constituant le squelette du bras.

Page 109
1. boue, sales ; 2. barrit, jars ; 3. peau, coup ; 4. bois, grâce ; 5. phares, les ; 6. crois, fond ; 7. leur, roue ; 8. sait, se, foie ; 9. mât, bois ; 10. sait, gêne.

Page 110
1. adducteur ; 2. quadriceps ; 3. abdominaux ; 4. pectoraux ; 5. couturier ; 6. deltoïde ; 7. fessiers ; 8. sterno-cléido-mastoïdien ; 9. dorsaux ; 10. masséter ; 11. trapèze ; 12. triceps.

Page 112
1. troupeau ; 2. automobile ; 3. cinéma ; 4. baril ; 5. défriser ; 6. banqueroute ; 7. licorne ; 8. soucoupe.

144

Page 114
1. a) incompréhensible ; b) long ; c) indiscipliné ; d) impossible ; e) déplaisant ; f) lent ; g) invisible ; h) inactif ; i) peureux ; j) imprudent ; k) désagréable ; l) lourd ; m) dernier ; h) désobéissant.

Page 115
1. qui ; 2. combien ; 3. quand ; 4. quand ou à qui ou où ; 5. qui ; 6. quand ou où ; 7. est-ce que ; 8. quel ; 9. quand ; 10. combien.

Page 117
1. bagnole ; 2. obéissance ; 3. paresseux ; 4. gazer ; 5. psychologue ; 6. chose ; 7. condamnation ; 8. passif ; 9. absent ; 10. urbain.

Page 120
1. détraqué ; 2. lanterne ; 3. personnage ; 4. sandale ; 5. tournesol ; 6. marmotte ; 7. haleine ; 8. frontière.

Page 122
Lisbonne ; visiteurs ; pavillons ; organisations ; Portugal ; thème ; fête ; permanente ; air ; rues ; acrobates ; magie ; nuit ; spectacle ; lumière ; toile ; histoire ; retours.

Page 123
1. a) Pour bien étudier, il faut se concentrer.
   b) Qui veut apporter l'ordinateur de la secrétaire ?
   c) Plusieurs compagnies québécoises en informatique percent sur le marché international.

Page 124
1. rimmel ; aigrette ; bavolet ; pacha ; chapka ; torgnole ; loupe ; soude.

Page 125
1. dé ; capi ; commen ; dis ; fa ; hypo ; pare ; para ; pou ; ré ; stra ; ma ; to.

Page 126
1.

	donner	dormir	pleurer	prendre	dire
que je	donne	dorme	pleure	prenne	dise
que tu	donnes	dormes	pleures	prennes	dises
qu'il, qu'elle	donne	dorme	pleure	prenne	dise
que nous	donnions	dormions	pleurions	prenions	disions
que vous	donniez	dormiez	pleuriez	preniez	disiez
qu'ils, qu'elles	donnent	dorment	pleurent	prennent	disent

2.

	avoir
que j'	aie
que tu	aies
qu'il, elle	ait
que nous	ayons
que vous	ayez
qu'ils, elles	aient

	être
que je	sois
que tu	sois
qu'il, elle	soit
que nous	soyons
que vous	soyez
qu'ils, elles	soient

Page 127
Je ne suis peut-être pas un grand scientifique mais je peux te dire que la chimie est une science qui étudie la constitution atomique et moléculaire des corps, ainsi que leurs interactions. Voilà c'est ça qui est écrit dans le livre de mon cousin… Oups ! Quel charabia !

Page 131
1. Le voyage en mer sera très long ; 2. Il n'y a que de l'eau à perte de vue ; 3. La voile se gonfle sous le vent ; 4. L'avion franchit la barrière du son ; 5. Il file à une vitesse folle ; 6. Ses ailes dorées fendent l'air ; 7. Une fusée se trouve en orbite ; 8. Elle est en direction de la Lune ; 9. L'espace est grand et étoilé.

Page 132
2. a) quatre-vingts ; b) trois cents ; c) six cents.
3. a) cent quatre-vingt ; b) deux cents ; c) deux cent vingt ; d) cent quatre-vingt-trois.

Page 133
Croque-Mots adore le poulet.

Page 135
1. brouillard ; 2. a) *Smoke* (fumée) ; b) *fog* (brouillard) ; 3. … qui ont des maladies respiratoires ; 7. néfaste ; 8. respiratoires ; 9. qui fait de l'asthme.

Page 137
3, 2, 4 et 1.

Page 138
1. coriandre ; 2. sismique ; 3. soupirail ; 4. faîte ; 5. lange ; 6. jadis ; 7. pagode ; 8. hardes ; 9. artilleur ; 10. geyser ; 11. verrat ; 12. merguez.

Page 139
1. saccadé ; 2. détente ; 3. tenté ; 4. terrasse ; 5. décrocher ; 6. mâcher ; 7. macaron ; 8. romain ; 9. maintenu ; 10. numéro ; 11. bateau ; 12. détail ; 13. détour ; 14. dissous ; 15. soubresaut ; 16. assaut ; 17. aboli ; 18. merise ; 19. croise ; 20. cité ; 21. cinéma ; 22. matador ; 23. anomalie.